मेजर निराला

मेजर निराला

डॉ. रमेश पोखरियाल 'निशंक'

वाणी प्रकाशन

वाणी प्रकाशन
4695, 21-ए, दरियागंज, नयी दिल्ली 110 002
शाखा
अशोक राजपथ, पटना 800 004
फ़ोन : +91 11 23273167 फ़ैक्स : +91 11 23275710
www.vaniprakashan.in
vaniprakashan@gmail.com
sales@vaniprakashan.in

MEJAR NIRALA
by Dr. Ramesh Pokhariyal 'Nishank'
ISBN : 978-81-8143-774-7
Novel

संस्करण 2008
आवृत्ति 2016

मूल्य : ₹250

तुषार कलर प्रोसेस, दिल्ली-110 093 में मुद्रित

वाणी प्रकाशन का लोगो मक़बूल फ़िदा हुसेन की कूची से

एक

पन्द्रह वर्ष!

जी हाँ, पूरे पन्द्रह वर्ष जेल की सलाखों के पीछे काट दिये थे मेजर निराला ने। कम नहीं होते जीवन के पन्द्रह बसन्त। एक-एक दिन मानों एक-एक युग के बराबर।

अपराध क्या था उसका? सेना का एक जांबाज मेजर था वह। भरा पूरा परिवार। पत्नी और एक बेटा। सब कुछ ठीक-ठाक ही तो चल रहा था। देवी स्वरुप पत्नी सावित्री, छोटा सा घर और सुन्दर सा बेटा। पहाड़ का एक शान्त सुन्दर गाँव। फौज में एक बड़ा आफिसर था वह, अपने ऊपर के आफिसरों का प्यारा मेजर।

बचपन के दिन बहुत गरीबी में बिताये थे मेजर निराला ने। पिता की मृत्यु तब हो गई थी, जब वह केवल एक वर्ष का था। किसी तरह माँ ने ही उसे पढ़ाया लिखाया था। फौज में भर्ती हुआ। अथक मेहनत और परिश्रम से कमीशन पास किया और मेजर के ओहदे तक जा पहुँचा।

कितना प्यार था उसे अपने गाँव से और गाँव के लोगों से। हँसी खुशी जीवन बीत रहा था। कोई कमी नहीं थी। मान-सम्मान सुख-सुविधा। किन्तु ईश्वर को शायद यह सब कुछ मंजूर नहीं था, इसीलिये तो उसकी खुशियों को ग्रहण लग गया। बर्बाद हो गया

6 : मेजर निराला

सब कुछ। पत्नी नहीं रही। बेटे का पता नहीं और खुद वह पन्द्रह वर्षों से जेल की कोठरी में पड़ा-पड़ा उस एक पल को कोस रहा है, जिसने उसके जीवन और घर संसार को आग लगा दी।

बस थोड़ा सा गुस्सा। सिर्फ एक क्षण का। और इतनी बड़ी सजा। कितना प्यार करता था वह सावित्री को और सावित्री भी कितना चाहती थी उसको। उसकी एक-एक आज्ञा का पालन करना सावित्री अपना धर्म समझती थी।

गाँव की माटी से प्यार का और गाँव वालों की मदद का भूत सवार था मेजर के सिर पर। तभी तो उसने गाँव छोड़ कर शहर में जा बसने की सावित्री की माँग बार-बार ठुकरा दी थी।

काश! समय रहते उसने सावित्री की बात मान ली होतीं तो आज यह दिन नहीं देखना पड़ता। कोटद्वार से नीचे कभी नहीं दिखला पाया था वह सावित्री को। उसी का नतीजा है कि उसे सब कुछ खोना पड़ा अपना।

खोना क्या पड़ा? हत्यारा बन गया वह देश, दुनियाँ, समाज और गाँव वालों के सामने। 'हत्यारा!' वह भी उस पत्नी का हत्यारा, जिसे वह जी जान से चाहता था।

जी हाँ, पत्नी की हत्या का जुर्म साबित हुआ है उस पर कोर्ट में। और सजा के रूप में गुजारने पड़े हैं उसे पूरे पन्द्रह वर्ष जेल में।

सोचते-सोचते मेजर निराला की आँखे भर आईं। कल उसकी रिहाई है। लेकिन करेगा क्या वह रिहा होकर? पत्नी को उसने स्वयं कत्ल कर डाला। बेटे का उसी दिन से कुछ पता नहीं।

आखिर कहाँ जायेगा वह रिहा होकर? किसके लिये जियेगा वह? क्या मुँह लेकर जायेगा वह गाँव वालों के सामने? क्या समाज स्वीकार करेगा उसे?

विचारों का अन्तर्द्वन्द्व उसके दिलो-दिमाग को झकझोर रहा है।

कितना बदल गया उसका जीवन। एक सम्मानित, देशभक्त और जांबाज मेजर था वह फौज का, और आज एक अपराधी।

भारत-पाक युद्ध में उसने अपनी वीरता के झंडे गाड़ दिए थे। अपने सीनियर ऑफिसरों की आँख का तारा था वह। यही वजह है कि युद्ध के लम्बा चलने की आशंका के मद्देनजर उसे जबरन छुट्टी पर भेज दिया गया, ताकि युद्ध के अंतिम समय में उसका उपयोग किया जा सके। उसे अच्छी तरह याद है कि बेमन से उसे छुट्टी जाना पड़ा था। एक-एक पल उसके स्मृति पटल पर चलचित्र की भांति उभरता चला गया।

दो

रात्रि का सन्नाटा!

अन्धेरा इतना कि हाथ को हाथ नजर न आये। दूर-दूर तक फैली ऊँची-नीची टीलेनुमा पहाड़ियाँ रात्रि के अन्धेरे में ऐसी लग रही थी मानों मुँह फैलाये कई दानव एक दूसरे के अलग-बगल खड़े हों।

मेजर निराला सूबेदार काशी सिंह और सूबेदार जीत सिंह सहित कुछ जवानों के साथ पत्थरों की ओट में छुपे हुये अपनी बन्दूकों का निशाना सामने की ओर साधे हुये थे। न जाने कब किस तरफ से दुश्मन नजर आ जाये।

धीरे-धीरे घुटनों और कोहनियों के बल घिसटते हुये वे लोग आगे की ओर बढ़ रहे थे। घनघोर अन्धेरे में दूसरी तरफ से कभी-कभी धाँय की आवाज के साथ आग का गोला उनकी ओर बढ़ता, तो प्रतीत होता कि दुश्मन उधर ही है।

युद्ध का आज बाईसंवा दिन है। दुश्मन भारत की सीमा पर काफी आगे बढ़ चुका है। बाईस दिन पूर्व सीमा पार से अचानक हुये हमले में दोनों ओर से कई जवान हताहत हुये हैं।

मेजर निराला के लिये यह जंग एक अलग अनुभव है। उनकी कम्पनी जम्मू कश्मीर में पिछले दो वर्ष से तैनात थी।

यूं तो कश्मीर पर दुश्मन की नजर हमेशा ही रही है। दुश्मन के साथ साथ ही सीमा पर तैनात फौज को देश के अन्दर के दुश्मनों से ही ज्यादा जूझना पड़ता है। देश के अन्दर के दुश्मन, यानि कि आंतकवादी।

दुश्मन को जब कश्मीर पर कब्जा करने की अपनी मंसा पूरी न होने का अंदेशा हुआ, तो देश के अन्दर ही कई नवयुवकों को लालच और धमकियां देकर आतंकवादी बना दिया गया।

आंतकवादी कहीं न कहीं, कुछ न कुछ खून-खराबा करते ही रहते हैं। इन सबसे हमारी फौज लम्बे समय से जम्मू कश्मीर में जूझ रही है। किन्तु बाईस दिन पूर्व सीमा पार से एक सुनियोजित योजना के तहत भारत पर हमला कर दिया गया।

भारत के जवान भी सीमा पर तैनात थे, किन्तु बड़े अधिकारियों तक को यह कल्पना नहीं थी कि दुश्मन अचानक भारत पर हमला बोल देगा।

एक ओर शान्ति की वार्ताएँ और दूसरी ओर हमला! यही कारण था कि भारत के जवान अचानक हुये इस हमले का जवाब नहीं दे पाये। इस कारण दुश्मन हमला करते हुये काफी आगे तक घुस आया।

शान्ति वार्ताओं के दौर में सीमा पर सीमित और आवश्कतानुसार फौज ही तैनात थी। दूसरी ओर से हुये भंयकर आक्रमण के कारण वहाँ पर तुरन्त कई अन्य कम्पनियां भेजनी पड़ी। इसी कारण देश के लिये कई जवान शहीद भी हुये।

मेजर निराला की कम्पनी भी दस दिन पूर्व यहाँ पर पहुँची थी, तब से ही मेजर लगातार युद्ध के मोर्चे पर डटा है। इस दौरान चौकी नम्बर 14 तक घुस आये दुश्मन को पीछे खदेड़ने में मेजर ने बहुत बड़ी कामयाबी पाई है।

देशभक्ति का जज्बा कूट-कूट कर भरा है मेजर निराला के

दिल में। देश की माटी और अपने स्वाभिमान से बहुत प्यार है उसे और इसके लिये वह कुछ भी कर गुजरने को तैयार है। अपने लहू की एक-एक बूंद वह देश के लिये बहाने को तैयार है, किन्तु एक इंच जमीन भी वह दुश्मन के कब्जे में नहीं देना चाहता।

मेजर अपने साथियों सहित लगातार आगे बढ़ रहा है। थोड़ी-थोड़ी देर बाद नीरवता का सीना चीरती गोलियों की आवाजें सुनाई देती, मानों पहाड़ियों का दिल दहल गया हो। कई बार तो गोलियाँ कनपट्टी से होकर गुजरती। मेजर अपने जवानों की कुशलता का जायजा लेते, फिर उनका साहस बढ़ाते हुये लगातार आगे बढ़ाते-'शाबास जवानों! बढ़ते रहो, मंजिल करीब है।'

सुनते ही जवानों में और उत्साह भर जाता।अपेक्षाकृत और अधिक तेजी से वे आगे बढ़ते। अब उन्हें दुश्मन के कब्जे से अपनी अगली चौकी छुड़ानी है।

तभी पहाड़ियों की दूसरी तरफ से आग का एक भयंकर गोला ठीक उनके सामने आकर फटा। विस्फोट इतना जबरदस्त था कि जमीन तक हिल गईं तोप से छूटा कोई गोला था यह।

'सूबेदार काशी सिंह!'-मेजर निराला ने फुसफुसाते हुये कहा।

'यस सर!'-फुसफुसाते हुये ही किन्तु कड़क स्वर में सूबेदार काशी सिंह की आवाज आईं

'तुम दस जवानों को लेकर दायीं ओर कवर करो'-मेजर ने आदेश दिया-'और सूबेदार जीत सिंह!'

'यस सर!'-सूबेदार जीत सिंह ने भी कड़क लहजे में उत्तर दिया।

'तुम बाईं ओर कवर करो' मेजर ने उसे भी आदेश दिया।

'किन्तु सर, दुश्मन फ्रन्ट पर है।' सूबेदार जीत सिंह ने शंका जाहिर की।

'नहीं सूबेदार, दुश्मन फ्रन्ट का भ्रम पैदा करके चाल चल रहा

है।'-मेजर ने समझाया-'तुम्हें यहाँ उलझाकर दांये या बायें से अटैक करेगा।'

'ओ.के. सर!'-सूबेदार जीत सिंह ने आज्ञा का पालन किया।

'याद रहे'-मेजर ने पुनः लगभग आदेशात्मक लहजे में कहा-'हमें हर कीमत पर उजाला होने से पूर्व चौकी नम्बर 12 से दुश्मन को खदेड़ना है।'

'यस सर!' एक साथ सूबेदार काशी सिंह और सूबेदार जीत सिंह का स्वर उभरा।

दुश्मन को उनकी उपस्थिति का अहसास न हो, इसलिये मेजर ने कम्पनी को गोली चलाने से मना किया है। दुश्मन के ठीक नजदीक पहुँचते ही वे गोलियां बरसायेंगे, ऐसी मेजर की योजना है।

तीन

रात्रि के चार बजने तक वे अपने लक्ष्य के सामने पहुँच गए हैं। अब तक दुश्मन को उनकी उपस्थिति का अहसास नहीं हो सका है। मेजर और उसके जवानों ने पत्थरों की ओट में अपनी पोजीशन ले ली है। अब सामने दिख रहे दुश्मनों पर वे ताबड़तोड़ गोलियाँ चलायेंगे। उन्हें इन्तजार है तो सिर्फ मेजर निराला के आदेश का।

मेजर निराला ने दुश्मन के कैम्प का जायजा लिया। एक तोप है और लगभग बीस-एक राइफल धारी। दायें-बाँयें नजर दौड़ाकर मेजर पूरी तरह आश्वस्त हो जाना चाहता था कि जिस चौकी पर दुश्मन कब्जा जमाये हैं, उस पर केवल उतने ही सैनिक हैं, जितने दिख रहे हैं।

पूरी तरह आश्वस्त होने के बाद मेजर जवानों को अटैक का आदेश देता, इससे पूर्व ही मेजर की बैल्ट में टंके वाकी टॉकी की लालबत्ती जल उठी। इसका मतलब था कि कुछ संदेश प्रसारित हो रहा है। मेजर ने वाकी टॉकी का स्विच आन किया।

'हैलो! आर्मी हेड क्वार्टर हियर।' वाकी टॉकी से आवाज आई-'कर्नल डी. राजा सिंह स्पीकिंग ओवर।'

'गुड मार्निंग सर!'-मेजर ने फुसफुसाते हुये कहा-'मेजर निराला स्पीकिंग। हियर इज आल ओ.के. सर, ओवर।'

मेजर निराला : 13

'मेजर निराला!'-कर्नल डी राजा सिंह का आदेशात्मक लहजा वाकी टाकी से निकला-'आपके मोर्चे पर मेजर सुखविन्दर को भेजा जा रहा है। आप तुरन्त वापस आयें, आपको 15 दिन के लिये छुट्टी भेजा जा रहा है, ओवर।'

मेजर को करारा झटका लगा। उसे लगा मानो हाथ में आये दुश्मन के गिरेबान पर पकड़ ढीली पड़ गई हो। उसने प्रतिकार किया-'आई एम सॉरी सर। प्लीज कैन्सिल माई लीव सर। मेरे लिये देश की रक्षा और यह जंग अवकाश से कई गुना महत्वपूर्ण है, ओवर।'

'समझने की कोशिश करो आफिसर'-थोड़ा नर्म किन्तु समझाने वाले लहजे में कर्नल ने उधर से कहा-'यह जंग बहुत लम्बी चलने वाली है। इसलिये मैं चाहता हूं कि तुम 15 दिन की छुट्टी काट लो। जंग जब चरम पर होगी, तब तुम्हारी सबसे अधिक जरूरत हमें होगी, ओवर।'

'सर मैं छुट्टी नहीं जाना चाहता, मैं चरम तक जंग लड़ना चाहता हूँ। ओवर'-मेजर ने कहा।

'मेजर तब तक तुम थक जाओगे, यूं भी तुम्हें फ्रन्ट पर लगातार बारह दिन हो गये, सो इट्स कम्पलसरी टू...यू...। ओवर'-कर्नल ने पुनः आदेश दिया।

'बट सर...' मेजर अपनी बात आगे कहता इससे पूर्व ही कर्नल डी राजा सिंह ने कड़क स्वर में कहा-'नो बट एण्ड नो मोर! फॉलो दी आर्डर! ओवर एण्ड आल!'

इसके साथ ही उधर से संवाद काट दिया गया।

मेजर को मानों साँप सूंघ गया हो। हाथ में रखे वाकी टॉकी को उसने ऐसे घूरा, मानो उसको ही जमीन पर पटक देगा।

मेजर की मुट्ठियाँ भिंच गईं सामने धुंधलके में चल रही दुश्मनों की गतिविधियों ने उसकी आँखों में आक्रोश के शोले भर

दिये। मन किया अभी एम.एम.जी. से ताबड़तोड़ गोलियां बरसाकर सबके सीने छलनी कर दे। किन्तु फौज में सीनियर अफसर का आदेश सब से बड़ा होता है। आदेश का मतलब आदेश होता है और उसे हर कीमत पर मानना पड़ता है।

यही कुछ मेजर निराला के साथ हुआ है अभी-अभी। कर्नल ने उसके हाथ बाँध दिये हैं। अपनी माटी से बढ़कर मेजर के लिये कुछ नहीं, वह छुट्टी नहीं जाना चाहता, किन्तु फिर भी जबरन आर्डर कर दिया गया। आज दुश्मन के सीने पर गोलियां दागने का अवसर अंतिम समय में उसके हाथ से निकल गया। काश! उसने वाकी टाकी का संदेश रिसीव न किया होता, तो अब तक वह दुश्मनों को ढ़ेर करके चौकी पर कब्जा कर भी चुका होता।

सोचते सोचते मेजर का खून खौल गया। उसने एक कड़ा निर्णय ले लिया। जवान सब उसके आदेश की प्रतीक्षा कर रहे हैं। यदि वह अभी मेजर सुखविन्दर के पहुँचने से पूर्व अटैक का आर्डर कर दे और चौकी पर कब्जा कर ले, तो कौन पूछता है। अभी दस मिनट पहले ही तो उसे वापिस लौटने का आदेश मिला है। दस मिनट और सही। उसकी तमन्ना भी पूरी हो जायेगी।

मेजर ने पूरा निर्णय लेकर एक नजर अपने जवानों पर डाली, जो पूरी तरह सतर्क होकर अपने-अपने हथियारों के ट्रिगर पर उगलियाँ रखे मेजर के आर्डर की प्रतीक्षा कर रहे थे। मेजर को सिर्फ एक शब्द बोलना है,-'फायर' और फिर हो जायेगी तड़ातड़ गोलियों की बौछार। मेजर ने 'फायर' बोलने के लिये मुँह खोला ही था कि-

'यू आर रिलीब्ड आफिसर!'-ठीक उसके बगल से आवाज आई आवाज मेजर सुखविन्दर सिंह की थी। वह पहुँच चुका था। मेजर को फिर एक करारा झटका लगा। लो इस कमबख्त को भी अभी पहुँचना था। मेजर ने गर्दन घुमाकर मेजर सुखविन्दर पर

निगाह डाली और फिर प्रत्यक्ष में उस का स्वागत किया। मेजर सुखविन्दर भी मुस्कराया।

'यू आर वेरी लक्की मेजर!' थकी हुई आवाज में मेजर निराला ने कहा-'यू गेट ए चान्स'।

'थैंक यू मेजर।'-मेजर सुखविन्दर बोला।

'बैस्ट आफ लक।'-मेजर निराला ने उसे शुभकामना दी।

'थैंक्यू मेजर!' पुनः मेजर सुखविन्दर ने आभार प्रकट किया और उसे विदाई दी-'ओ.के. मेजर!'

चार

आर्मी बेस कैम्प में मेजर निराला अपना सामान पैक करके दो अन्य ऑफिसर के साथ 'थ्री टन' में सवार होने से पूर्व वहाँ रुके अन्य साथियों से हाथ मिलाता है।

'अच्छा दोस्तों, छुट्टियां मुबारक!'–एक आफिसर ने कहा–'पन्द्रह दिन बाद मुलाकात होगी'

'थैंक्यू आफिसर!'–मेजर ने जैसे रस्म निभाई

'भाभी जी को हमारी तरफ से...' एक दूसरे आफिसर ने चुटकी ली।

'क्या...?' मेजर ने भी तुरन्त पूछा।

सभी ठहाका मार कर हँस दिये। कैप्टैन डी॰ एस॰ रावत को चुप देखकर एक आफिसर बोला–'तुम्हारा चेहरा क्यों लटका हुआ है रावत?'

'तुम लोग शादीशुदा हो, इसलिये खुश हो रहे हो!' कैप्टन रावत ने अपना दुखड़ा सुनाया–'अपनी तो छुट्टियां कटती ही नहीं।'

'चं...चं...चं...चं...' एक आफिसर बोला।

'इस बेचारे का भी कुछ इन्तजाम करना पड़ेगा।'

'अब की बार खाली मत लौटना'–एक अन्य आफिसर

बोला–'लड्डू लेकर आना सगाई के।'

'अपनी तो यार छुट्टियों का पता ही नहीं चलता घूमने फिरने में'–मेजर के साथ ही छुट्टी जा रहा एक आफिसर बोला–'मेजर, तुम इस बार भाभी जी को लेकर हमारे यहां नैनीताल आना जरूर घूमने।'

'नहीं यार, घूमने का समय किसे है'–मेजर निराला ने पीड़ा के साथ कहा–'अपनी छुटिट्यां तो गाँव के खेत खलिहान में ही गुजर जाती हैं।'

'क्या नीरस बातें करते हो मेजर!'–वही आफिसर बोला–'क्या रखा है गाँव और खेत खलिहानों में? चार दिन की तो आजादी मिलती है घूमने फिरने की।'

'नहीं दोस्त!'–मेजर निराला ने घायल स्वर में कहा–'इंसान को अपनी जमीन नहीं भूलनी चाहिये। जिस गाँव में हम जन्में हैं, उसके प्रति प्यार तो होना ही चाहिये। यदि प्रत्येक व्यक्ति यही सोचने लगे, तो कौन जुड़ेगा गाँव से। बंजर और बीहड़ हो जायेगें सारे गाँव।'

माहौल जैसे बोझिल हो गया हो। कैम्प में रुके एक आफिसर ने पहल की–'बन्द करो यार भाषणबाजी, तुम्हारा सामान लद चुका है। अब सीट पर बिराजो।'

'ओ.के. हम लोग चलते हैं।' मेजर निराला सहित दो अन्य ऑफिसरों ने फिर बेस कैम्प में रुके साथियों से हाथ मिलाया और सीटों पर बैठ गये। थ्री टन धूल उड़ता हुआ आगे निकल गया।

बेस कैम्प में रुके ऑफिसर दूर जाते थ्री टन को निहारते रह गये। चुप्पी को तोड़ते हुये एक आफिसर बोला–'यार, बड़ा अजीब इंसान है यह निराला। जब देखा गाँव, खेत, खलिहान और गाँव वालों की ही बातें करता रहता है।'

'हाँ! सारी छुट्टियां गाँव में ही बिता देता है' दूसरा आफिसर

जो पौड़ी गढ़वाल का ही था, बोला–'किसी का पुस्ता लगा, किसी का हल लगा, किसी का इलाज करा। बस मानो सारे गाँव का ठेका ले रखा हो।'

'कमाल है यार, यह भी कोई बात हुईं' पहला आफिसर आश्चर्य करते हुये बोला,

'तुम मेजर का बैक ग्राउण्ड जान जाओगे, तो फिर आश्चर्य नहीं करोगे,' गढ़वाली आफिसर ने कहा–'बहुत गरीबी में उसने अपना बचपन गुजारा है। उसकी विधवा मां ने इसी जमीन और गाँव से जुड़कर उसे इतना कुछ बनाया है।'

'ठीक कहता था यार'–पहला आफिसर बोला–'इंसान को अपनी जमीन नहीं छोड़नी चाहिये।'

पांच

हरिद्वार!

उत्तराखंड की धर्मनगरी। यूं तो पूरा उत्तराखण्ड ही धार्मिक दृष्टि से देवभूमि कहलाता है, किन्तु देवभूमि उत्तराखण्ड में भी हरिद्वार का विशेष महत्व है।

जब हजारों लाखों लोग उत्तराखण्ड की यात्रा करने के लिये आते हैं, तो इसी हरिद्वार से यात्रा प्रारम्भ होती है। कहना चाहिये कि यह देवभूमि में प्रवेश का द्वार है हरिद्वार!

मेजर निराला अपने दो साथियों सहित ट्रेन से हरिद्वार स्टेशन पर उतरे। यहाँ से तीनों को अलग-अलग स्थानों के लिये जाना है। मेजर को भी यहीं से पौड़ी जाने के लिये की बस पकड़नी है।

साथियों से विदा लेकर वह अपनी बस में सवार हो गया। बस में खचाखच सवारियां भरी पड़ी थीं। पहाड़ी मार्गों पर सीमित बस सेवाएँ होने के कारण सवारियों की भारी भीड़-भाड़ होती है। खासकर गर्मियों के दिनों में, जब यात्रा सीजन शुरू होता है, तब तो बसें ढूँढकर भी नहीं मिलती हैं। बामुश्किल चार बसें पौड़ी के लिये यहाँ से जाती हैं और उनमें भी पैसेंजर भेड़-बकरियों की तरह भरे हुए रहते हैं।

अधिक सवारियां और संकरी सड़कें होने के कारण दुर्घटनाएँ

भी बहुत होती हैं। प्रतिवर्ष इन दुघर्टनाओं में हजारों लोग अपनी जान गवाँ बैठते हैं।

बस दुर्घटनाएँ रोकने के लिये सरकार द्वारा अनेक कदम उठाये जाते हैं। अनेक योजनायें भी बनाई जाती हैं। किन्तु फिर भी हर दूसरे दिन सुनने में आता है कि फलां जगह बस गिर गईं

सरकार द्वारा मृतक आश्रितों और घायलों को राहत राशि दे दी जाती है। खानापूर्ति के लिये बस दुर्घटनाओं के कारणों की मजिस्ट्रीयल जांच किये जाने की घोषणा भी कर दी जाती है।

दो-चार दिन तक खूब हंगामा भी मचता है। आने-जाने वाली बसों तथा टैक्सियों की चैकिंग भी होती है। ओवर लोडिंग पर चालान होता है। ड्राइवर के लाइसैंस और गाड़ी के परिमिट एवं फिटनेस की बारीकी से जांच होती है।

फिर धीरे-धीरे कुछ दिनों बाद सब ढीला-ढाला पड़ जाता है। तब फिर सुनने में आता है कि एक और दुर्घटना हो गई है। बस ऐसा ही चल रहा है पिछले कई वर्षो से। भारी भीड़ होने के बावजूद भी मेजर निराला को सीट मिल ही गईं दरअसल मेजर के बस स्टॉप पर पहुँचने के आधे घण्टे बाद बस आई थी। इस आधे घण्टे में उसने दोस्तों के साथ चाय पी और खूब गप्पें भी लगाई थीं। बस के आते ही भीड़ के साथ ही मेजर भी बस की ओर लपका था और सीट पर कब्जा जमा लिया था। उसका बक्सा और बिस्तर बन्द साथियों ने तुरन्त ही छत पर चढ़ा दिया था।

जैसे ही बस चलने को हुई, मेजर की नजर बस की गैलरी में खड़ी एक वृद्धा पर पड़ी। पोटली बगल में दबाये और अपनी छड़ी को दूसरे हाथ में थामे वृद्धा सवारियों के बीच फँसी खड़ी थी। मेजर से न रहा गया और पूछं ही लिया-'मांजी, आप कहाँ तक जाओगी?'

'बेटा तीनधारा तक जाना है!' वृद्धा ने जबाव दिया।

'अच्छा, तीनधारा तक आप मेरी सीट पर बैठ जाओ'-मेजर ने खड़े होते हुये कहा। वृद्धा किसी तरह भीड़ के बीच से निकल कर आई और सीट पर बैठकर चैन की सांस लेकर बोली-'धन्यवाद बेटा! जुग-जुग जियो।'

बदले में मेजर सिर्फ मुस्कराया। बस हिचकोले खाते हुए बढ़ गई ऋषिकेश तक बस फर्राटे लेते हुये दौड़ी। मैदानी रास्ता जो है। ऋषिकेश के बाद ऊँची-नीची घुमावदार सड़क पर बस की गति में भी कुछ कमी आई सर्पीली सड़कों पर बस कभी दायीं ओर मुड़ती, तो कभी बायीं ओर। मुड़ते समय बस काफी तिरछी भी होती है, तब लगता है अब पलटी, तब पलटी।

किन्तु यहाँ सबके कलेजे मोटे हैं। डरता कोई नहीं है। आदत पड़ गई है रोज-रोज के सफर में। कुछ जगहों को छोड़ दें, तो बाकी सारे पहाड़ की सड़कें ऐसी ही हैं। तभी तो हादसे होते रहते हैं। कुछ तो ड्राइवरों की लापरवाही से भी बस दुघर्टनायें होती हैं।

ऋषिकेश से आगे बढ़ने के बाद से ही मेजर को एक आत्मिक शान्ति का अहसास हुआ। मानों अपने घर में पहुँच चुका हो। सड़क के नीचे की ओर हरे-भरे पेड़ों के मध्य बहती पवित्र गंगा नदी कल-कल करके अवरोधों को पार करती हुई अविरल बह रही है। सड़क के दूसरी ओर बड़ी-बड़ी पहाड़ियां हरे भरे वृक्षों से लदी हुई। बस आगे दौड़ रही है और नदी तथा पेड़ पौधे उतनी ही तेजी से पीछे की ओर दौड़ते प्रतीत हो रहे हैं।

छः

तीनधारा में बस रुकी। छोटी सी जगह है। कभी यहाँ पर पहाड़ी से निकलते शीतल जल के तीन धारे हुआ करते थे। उन्हीं धारों के अगल-बगल ककड़ी, खीरा, मकई और जलजीरा की अस्थाई दुकानें लगाकर स्थानीय गाँव भरपूर के कुछ लोग अपना व्यवसाय करते थे। समय बदला, वनों के अत्यधिक दोहन, पर्यावरण असन्तुलन और खनन आदि अन्य कारणों से जल के स्रोत नीचे बैठ गये हैं। अब यहाँ पर तीन धारे तो नहीं हैं, अलबत्ता कई जगह पहाड़ी से पानी की बारीक धार और कई जगह से पानी टपकता हुआ प्रतीत होता है। खीरा, मकई और जलजीरे का व्यवसाय छोड़ कर अब लोगों ने यहाँ पर बड़े-बड़े होटल बना लिये हैं। यहाँ पर अब यात्री खाना खाते हैं।

बस के रुकते ही सवारियां बाहर उतर गईं मेजर ने भी वृद्धा की पोटली थामी और सहारा देकर बाहर उतार दिया। वृद्धा आशीर्वाद देकर सड़क किनारे 'डैंकण' के वृक्ष की घनी छाँव में बैठ गईं

सवारियों ने खाना खाया और बस चल पड़ी। मेजर को अब अपनी सीट मिल गई थी। सारे रास्ते चढ़ती-उतरती रही थी सवारियां। अब कोई भी सवारी खड़ी नहीं थी। काली घुमावदार

सड़क पर दौड़ती बस की खिड़कियों से ताजा सुगन्धित हवा के झोंके जैसे जीवन में नई ताजगी भर रहे थे। मेजर को अत्यन्त आनन्द की अनुभूति हो रही थी।

बस की सीट पर आराम से पसरकर मेजर ने सिर पीछे की ओर टिका दिया।

एक साल भी कितनी जल्दी गुजर गया-मेजर सोचने लगा, ऐसा लग रहा है मानों कल ही छुट्टी काटकर गया होऊँगा। पिछली छुट्टियों में ढेर सारे कार्य छूट गये थे। अबकी पन्द्रह दिन की इन छुट्टियों में सबसे पहले वे ही कार्य पूरे करुँगा।

गबरू काका के आंगन का पुस्ता, मूसी दीदी की झोपड़ी की मरम्मत, कोतवाल दादा के पेड़ की कटाई, सब के सब छूट गये थे पिछले बरस।

हाँ, अपनी गौशाला भी तो टपकने लगी थी, उसकी छवांई भी तो करनी पड़ेगी इस बार।

भगतू भाई के पिताजी को भी शहर ले जाना है, आँखे चैकअप कराने के लिये। देख नहीं पाते बेचारे।

और हाँ, सावित्री के मायके वालों के यहाँ भी तो इसी दौरान पुजाई है। वहाँ भी जाना पड़ेगा। सावित्री स्वयं भी तीन साल से नहीं गई है वहाँ।

हाँ, सबसे महत्वपूर्ण बात तो भूल ही गया था। अपने बबलू को रोज एक घण्टे पढ़ाना है। अब तो काफी बड़ा हो गया होगा। बड़ा उद्दण्ड है, और जिद्दी भी। खैर आ जायेगी उसे भी उम्र के साथ धीरे-धीरे अक्ल। उसको सब सुविधायें मिल रही हैं न, इसलिये बिगड़ गया। अब उसे क्या मालूम कि गरीबी क्या चीज होती है। वह क्या जाने कि हमने किन-किन अभावों में जीवन गुजारा है, कितने संघर्ष किये हैं।

वह तो सिर्फ यह जानता है कि उसके पिता मिलिट्री के बहुत

बड़े अफसर हैं।

सोचते-सोचते मेजर को न जाने कब नींद आ गई नींद भी इतनी गहरी कि कब पौड़ी आ गया, पता नहीं चला।

एक-एक कर सारी सवारियां उतर गई, किन्तु मेजर की आँख नहीं खुली। अन्त में कण्डक्टर ने उसे झकझोरा-'मेजर साहब! उठो, पौड़ी आ गया। लगता है कुछ ज्यादा ही चढ़ा ली।'

मेजर हड़बड़ाते हुये उठा, बैल्ट टोपी ठीक की-'नहीं भाई, ऐसी बात नहीं है, कुछ सोच रहा था, तो थोड़ी सी आँख लग गई'

'साहब! घर की याद में डूबे होंगे और इतने में घर भी आ गया'-कण्डक्टर ने चुटकी ली।

मेजर मुस्कराया, फिर बोला-'जरा छत से बक्सा उतार देंगे क्या?'

कण्डक्टर भी कम न था-'उतार क्या देंगे साब, यह लड़का घर तक भी छोड़ देगा'-फिर शरारत से बोला-'साब सिर्फ दो घूँट टॉनिक तो मिल जायेगी न इसको'। उसका इशारा शराब की तरफ था।

'सामान तो मैं अपने आप ले जाऊँगा।'-मेजर बोला-'हाँ टॉनिक चाहिये तो कभी गाँव में आ जाना। बस एक मील के लगभग है यहाँ से पैदल। टॉनिक वहीं मिल जायेगी, कोई शक?

'कोई शक नहीं।'-कण्डक्टर बोला, फिर ड्राइवर की ओर मुस्कराते हुए बोला-'ठीक है धीरू भाई! कल चलेंगे मेजर साहब के गाँव, आज तो बारात लेने जाना है।

सात

मेजर का गाँव। भितांई! हरी भरी वादियों के बीच सुन्दर सा गाँव। चारों तरफ सीढ़ीनुमा खेत। खेतों में हरी-भरी फसल। गाँव में कुल मिलाकर अस्सी के लगभग कच्चे-पक्के मकान। कुछ घर पठालियों (पत्थर की सिलेटों) से ढके हुए, किसी में लकड़ी की सुन्दर नक्काशी, तो कोई घर सीमेंन्ट की छत वाले। वैसे सीमेन्ट की छत का रिवाज यहाँ पर नया-नया आया है। इसलिये केवल चार छः घरों को छोड़ कर सभी घर पठालियों से ढके हुए। गाँव के अन्दर संकरे किन्तु सीमेन्ट के पक्के रास्ते।

पहाड़ में आजादी के बाद काफी विकास हुआ है। खासकर बिजली, पानी, सड़क, शिक्षा और गाँव के रास्तों के विकास पर सरकार ने ज्यादा ध्यान दिया है।

मेजर ने गाँव के अन्दर प्रवेश किया। तीसरा मकान मेजर का अपना मकान है। छोटा सा मकान किन्तु खूबसूरत। पहले यह एक साधारण सा मकान था, किन्तु अब मेजर ने तीन साल पूर्व इसे एकदम नया बना दिया है। नया तो बनाया है, किन्तु उसका पुराना माडल जस का तस बरकरार रखा है। आखिर पुरखों की यादें कैसे मिटा देता मेजर।

घर के चौक में पहुँचकर मेजर ने कन्धे से बिस्तर और बक्सा

उतारा। तीन चार बच्चे दौड़ते हुये नजदीक आये।

'चाचा जी आ गये।'

'ताऊ जी आ गये।'

'चाचा जी प्रणाम।'

'ताऊ जी नमस्ते।'

बच्चों ने मेजर को घेर लिया। बच्चों के गालों पर हल्की थपकी देते हुये मेजर ने सबको दुलार किया-'नमस्ते, नमस्ते! चिरंजीव! खुश रहो!'

जेब में हाथ डालकर मेजर ने कुछ टॉफियां निकालीं और बच्चों में बाँट दी। बबलू को न पाकर मेजर ने पूछा-'अरे तो ये तो बताओ, तुम्हारा दोस्त बबलू कहाँ है?'

'ताऊ जी, वह तो सूरज के घर गया है'-एक बच्चे ने कहा।

'चाचा जी, मैं उसे अभी बुलाकर लाता हूँ।'-दूसरे बच्चे ने कहा और कहने के साथ ही दौड़ लगा दी।

मेजर ने घर के दरवाजे पर नजर दौड़ाई बाहर से साँकल लगी है। इसका मतलब सावित्री घर में नहीं है। घास या लकड़ी लेने जंगल गई होगी। तभी तो दोनों दरवाजों पर साँकल लगी हुई है।

हाँ पहाड़ में अभी घरों पर ताले लगाने की परम्परा नहीं है। गांवों में अभी तक लोग खेत खलिहान या जंगल जाते वक्त घर के दरवाजे पर केवल साँकल लगाते हैं। अलबत्ता शहरों में तो अब लोगों ने सुरक्षा के अतिरिक्त उपाय भी करने शुरू कर दिये हैं। किन्तु गाँव आज भी शान्त और शालीन हैं और गॉव वाले निर्भीक।

मेजर की नजर बगल के मकान पर गई बूढ़ी रूकमा दादी छज्जे पर बैठी है, शान्त और स्थिर। अकेली है इतने बड़े घर में। जर्जर काया और झुर्रियों से अटा पड़ा चेहरा। दादी के तीनों लड़के बाहर बस गये हैं। एक ने देहरादून में मकान लगा लिया, एक ने दिल्ली में। तीसरे का कई बरस से कुछ अता-पता नहीं। रह गई

सिर्फ बूढ़ी रूकमा दादी घर की रखवाली के लिये। शरीर के साथ-साथ अब आँखों ने भी जवाब दे दिया है। बड़ी मुश्किल से चल फिर षाती है छड़ी के सहारे। न जाने खाना कैसे बनाती होगी? क्या पता बनाती भी हो या नहीं?

मेजर नजदीक पहुँचा और पाँव छूते हुये बोला-'पाय लागू दादी जी!'

'चिरंजीव बेटे!'-एक फीकी सी मुस्कान तैर गई रूकमा के पीले पड़ चुके होंठों पर-'कौन हैं?'

'मैं हूँ दादी निराला, तुम्हारा निराला!'-मेजर ने कहा।

'कौन? नीरू पल्टनेर!'-खुशी से पूछा रूकमा दादी ने।

'हाँ दादी!'-मेजर ने अकड़कर कहा-'कोई शक!' भावावेश में रूकमा ने मेजर को गले लगा लिया। भीगी आँखों से बोली-'कब आया मेरे पल्टनेर? ठीक है तू? लड़ाई लगी थी, हमें तेरी बहुत चिन्ता लगी हुई थी।'

'मैं ठीक हूँ दादी, अभी-अभी आया हूँ। आप तो ठीक हैं न?'

उदासी भरे लहजे में रूकमा बोली-'अब ठीक क्या होना है बेटा, उठने-बैठने की सामर्थ्य रही नहीं। आँखें रही नहीं निगोड़ी। सोचती हूँ इससे अच्छा तो मर जाना ही ठीक है।'

'नहीं दादी नहीं!'-मेजर ने जैसे ढाढस बंधाया-'अभी तो आपको बहुत जीना है। अब की छुट्टियों में तुम्हारी ऑखों का आप्रेशन करा दूँगा शहर में टकाटक। कोई शक?

'जुग-जुग जियो मेरे लाल, जुग-जुग जियो!'-बूढ़ी रूकमा ने आशीर्वाद दिया। उसकी बूढ़ी ऑखों से अश्रुधारा निकल कर बहने लगी।

तभी बबलू दूर से दौड़ता हुआ पास आया-'मेरे पापा आये, मेरे पापा आये।'

मेजर छज्जे से नीचे उतर आया, 'पापा जी नमस्ते!'-बबलू

लगभग लिपटते हुये बोला।

'चिरजींव बेटे' मेजर ने उसके गाल पर चुम्बन करते हुए पूछा–

'कैसे हो तुम?'

जबाब देने के बजाय बाल–सुलभ मन से बबलू ने प्रश्न पूछा–'आप हमारे लिये गाड़ी लाए हैं?'

'हाँ बेटे लाये हैं!'–मेजर ने जबाव दिया, फिर धीरे से पूछा–'पहले यह बताओ तुम्हारी मम्मी कहाँ हैं?'

'मम्मी घास लेने गई थी, अब गौशाला में आ गई होंगी!'–बबलू ने शीघ्रता से जबाव दिया। उसे अपनी गाड़ी पाने की जल्दी थी।

मेजर गौशाला के लिये लपका, बबलू ने लगभग चीखते हुये ही पूछा–

'पापा जी, हमारी गाड़ी!'

'बैग में रखी है, ले लो जी।'–मेजर ने लापरवाही से कहा और गौशाला की तरफ दौड़ लगा दी।

आठ

सावित्री घास का गट्ठर सिर पर रखे गौशाला पहुँची। सांझ ढलने वाली थी। उसे अभी गाय भी दुहनी है। फिर जानवरों को घास देकर 'अड्या मोर' लगाना है। उफ्फ, कितनी थकान भरी जिन्दगी है। रोज-रोज की घास, लकड़ी और पानी की किल्लत। घास और लकड़ी सिर पर ढोते-ढोते तो बाल भी निकल गये। बड़ा कठिन जीवन है पहाड़ में महिलाओं का। पुरुष बेचारे ठीक हैं। बाहर नौकरी करते हैं। वर्ष भर में एक बार आ गये छुट्टी। खूब मौज मस्ती मारी और फिर चले गये।

महिलाओं को कितना काम करना पड़ता है घर का। सुबह मुँह अन्धेरे उठो, सबसे पहले अड्या खोलो, जानवरों को घास-चारा खिलाओ। फिर पानी लेने जाओ धारे पर, उसके बाद चूल्हा जलाओ, बच्चों का चाय नाश्ता तैयार करो। तब जाकर कहीं थोड़ी सी फुर्सत मिलती है एक कुल्ला चाय पीने की।

सावित्री भी थक गई है यह सब करते करते। इतने बड़े फौजी अफसर की पत्नी है। किन्तु वही घास, लकड़ी और पानी लाना पड़ता है आम महिलाओं की तरह। फिर फर्क क्या रह गया उसमें और गाँव की अन्य महिलाओं में।

पिछले दो-तीन बरस से वह कह रही है मेजर से कि पौड़ी

में किराये का मकान ले लो, किन्तु मेजर कुछ न कुछ बहाना मार कर टाल देते हैं हर बार। आने दो इस बार उन्हें दो महीने की छुट्टी। जंग खत्म होने के बाद जब मेजर आयेगें, तो अब की बार अपनी बात मनवा कर रहूंगी।

आखिर अब बबलू भी छठवीं में चला गया। उसे अच्छे स्कूल में भर्ती करवाना पड़ेगा।

हरी घास देखकर भैंस रम्हाई भैंस की रम्हाई ने सावित्री की विचार तन्द्रा तोड़ दी। उसे यकायक मेजर की याद आ गईं पता नहीं कैसे होंगे। लड़ाई चल रही हैं। बहुत समय से चिट्ठी भी नहीं आईं

घास के गट्ठर के बोझ से उसकी गर्दन बैठ गईं वह घास का गट्ठर सिर से नीचे उतारती, उससे पहले ही कोई बन्दूक जैसी चीज उसकी छाती से लग गईं एक ककर्श स्वर उभरा-'हैण्ड्सअप'।

सिर से पाँव तक काँप गई सावित्री। घबराहट में सिर का गट्ठर जमीन पर गिर गया। खुद भी वह गिरते-गिरते बची। ऑखे बन्द हो गई उसकी। फिर हिम्मत कर ऑखे खोली, तो ऑखे फटी की फटी रह गईं सामने एक लम्बा लट्ठा उसकी छाती से सटाये मेजर निराला खड़े हैं। रोम-रोम पुलकित हो गया सावित्री का।

आँखे छलछला आई किन्तु मन पर काबू करके दूसरे ही क्षण बनावटी गुस्सा पैदा करके उसने लट्ठे को सीने से जबरन हटाते हुये कहा-'छोड़ो जी, शर्म नहीं आती आपको।'

'शर्म काहे की?' मेजर ने भी शरारत से नजरें मिलाते हुये पूछा।

'एक साल बाद आ रहे हो और ऐसे मिल रहे हो जैसे जंग के मैदान में किसी दुश्मन से मिलते हैं।'-सावित्री ने शिकायती लहजे में कहा।

'हम फौजियों के लिये जिन्दगी का एक-एक पल जंग के

माफिक होता है सावित्री।' मेजर ने कुछ रोमांटिक होकर कहा-'फिर मुलाकात भी जंग के अन्दाज में क्यों न की जाये? कोई शक!'

'शक तो गाँव वाले कर रहे होंगे कि इनको गौशाला ही मिली बातें करने के लिये।'-सावित्री ने नजरें चुराते हुये कहा-'अब हटो भी रास्ते से। लोग क्या सोच रहे होंगे'।

'यहीं सोच रहे होंगे कि मेजर निराला की पत्नी पाँव छूने के बजाय उसे भाषण पिला रही है।'-मेजर ने बात के ऊपर बात दे मारी।

'अब हटो भी!'-सावित्री ने शिकायती अन्दाज में कहा-'आप ने वक्त ही कब दिया पाँव छूने के लिये?'

'तो अभी भी क्या बिगड़ा है?'-मेजर ने कदम आगे बढ़ाते हुए पैरों की ओर इशारा किया-'ये रहे मेरे पैर।'

एक क्षण सावित्री लजाई, फिर दोनों हाथों से मेजर के दोनों पाँव छूकर हाथों को अपने सिर से लगाया। जबाव में मेजर निराला ने फौजी अंदाज में सैल्यूट ठोंका, तो सावित्री की हँसी फूट गई वह खिलखिला कर हँस पड़ी।

नौ

सावित्री की हँसी रुक नहीं पा रही थी। बहुत दिनों बाद उसे हँसने का मौका मिला था। खिलखिलाहट के बीच वह कभी कभार एक नजर बगल में गहरी नींद सो रहे बबलू पर भी डाल देती। कहीं जाग न जाये। पिताजी के आने के बाद आज बबलू काफी इतरा रहा था। खाना खाने के बाद सब लोग बैड में गये। बबलू ने पिताजी के साथ सोने की जिद पकड़ ली। दोनों के बीच में लेट गया वह। फिर हुआ बातों का दौर शुरू। सावित्री ने पिछले वर्ष से अब तक गाँव के अन्दर की सारी घटनाएँ सुना दी। मेजर ने अपने जंग के किस्से सुनाये, कैसे उसने दुश्मनों के दाँत खट्टे किये और कैसे उसे जबरन छुट्टी पर भेज दिया गया।

बबलू गहरी नींद सो गया तो सावित्री ने उसे किनारे सरका दिया और खुद बीच में आ गई यानि कि मेजर के बगल में। कमरे में लालटेन का धीमा प्रकाश फैला हुआ था। पूरे एक वर्ष बाद मुलाकात हुई है सावित्री की निराला से। बहुत प्यार करते हैं मेजर उसे। किन्तु जब जतलाने की बारी आती है तो मजाक में उड़ा देते हैं मेजर। आखिर वर्ष भर में एक बार ही तो छुट्टी आते हैं। वह भी अधिकांश छुट्टियाँ लोगों का काम करते हुये गुजर जाती हैं। कई बार तो सावित्री को लगता है कि मेजर उसकी और अपने बेटे

की अनदेखी करते हैं, किन्तु मन नहीं मानता। ऐसा नहीं हो सकता। उन्हें बबलू से भी बहुत प्यार है, किन्तु बबलू बहुत बिगड़ गया है।

माहौल को भांप कर सावित्री ने पहल की–'सुनो जी!'

'कहो जी!'–मेजर ने भी उसी तर्ज में कहा।

'बबलू अब बड़ा हो गया है!'–सावित्री बोली–'उसकी कुछ चिन्ता है आपको।'

'हाँ यह, तो मैं भी देख रहा हूँ!'–मेजर बोले–'क्या बहू ला दूँ आपको?'

'छिः! तुम हर बात मजाक में उड़ा देते हो!'–सावित्री तुनक कर बोली–'मेरा यह मतलब नहीं था।'

'फिर क्या मतलब था आपका!–मेजर ने पुनः चुटकी ली–'मतलब मैं दूसरी चारपाई पर लेट जाऊँ?'

'ऊँ हूँ आप बड़े बुद्धू हैं।'–वह बोली।

'हाँ वह तो हूँ ही, तभी तो इतने प्रमोशन और मैडल पाए हैं मैंने।'–मेजर बोले। किन्तु फिर दूसरे ही क्षण अपनी बात सुधारी–'सॉरी! मेरा मतलब है कि अगर मैं बुद्धू हूँ तो, इतने प्रमोशन और मैडल कैसे पाता?'

'वह तो आप ही जाने।'

'फिर तुम क्या जानती हो?'

'मैं तो यह जानती हूँ कि तुम्हें मेरी और बबलू की कोई चिन्ता नहीं है।'

'वह कैसे?' मेजर ने कुरेदा।

'देखो न बबलू छठवीं में चला गया है। बड़े स्कूल में जाकर बिगड़ने लगा है'।–सावित्री ने सपाट बात कही–'अब रोज-रोज उसकी शिकायतें सुन कर मेरे कान पक गये हैं।'

'तो उसे सुधारो न!'–मेजर ने फौजी लहजे में कहा–'बाई आर्डर। ओ.के.?'

'कैसे सुधारूँ?'-सावित्री ने सवाल किया-'इतनी सुख सुविधाओं के बाद भी पढ़ाई में सबसे पीछे है। जेब खर्च की माँग भी रोज-रोज बढ़ रही है।'

'तो जेब खर्च कम कर दो और एक टीचर रख दो ट्यूशन पर' मेजर ने हल सुझाया। फिर आखिर में फौज का रटारटाया जुमला छोड़ा-'कोई शक?'

'आपको तो कोई शक नजर नहीं आता'-सावित्री स्त्री-चरित्र के अनुरूप बोली-'जब लड़का बर्बाद हो जायेगा, तब हटेगा आपकी आँखों से शक का पर्दा'

'क्यों बर्बाद हो जायेगा?' मेजर बोले-'मेजर का लड़का है, देखना मेजर से ऊपर तो बनेगा ही'।

'और अगर चोर उचक्का बन गया तो?' सावित्री ने सवाल दागा।

'वह दिन देखने से पूर्व ही मैं उसे गोली मार दूँगा!'-मेजर ने खिन्नता से कहा। सावित्री को मानों चार सौ चालीस वोल्ट का करन्ट लग गया हो, सुनते ही उसने झट से मेजर के मुँह पर हाथ रख दिया-'छोड़ो जी, ऐसी अपशकुनी बातें नहीं करते।

'मैं सच कहता हूँ सावित्री'-मेजर गम्भीर हो गया।-'मुझे दो चीजें बहुत प्यारी हैं, एक भारत माता की इज्जत और दूसरा अपना आत्मसम्मान'।

'और कुछ भी चीज प्यारी नहीं आपको?'-मेजर को गम्भीर होता देख सावित्री ने छेड़ा।

'मतलब?'-मेजर कुछ न समझा।

'मतलब यह कि...' सावित्री ने वाक्य अधूरा छोड़ दिया और प्रश्न किया-'मेरा कोई भी अस्तित्व...?'

सावित्री वाक्य पूरा कर पाती इससे पहले ही मेजर बोल उठा-'सावित्री! तुम कोई चीज या वस्तु थोड़े ही हो। तुम तो आधा

अंग हो, आधा शरीर हो मेरा। तुम्हारे बिना तो मैं स्वयं अधूरा हूँ, अपूर्ण 'आंखे छल छला आईं सावित्री की। कितना प्यार करते हैं निराला मुझे। कितना सम्मान देते हैं। एक वह है जो बार-बार उन्हें उलाहने देती रहती है।'

उसके अधरों को छूकर अश्रुधारा बह निकली। जैसे सावन के महीने में किसी बरसाती गधेरे में अचानक बढ़ आयी पानी की धारा। मेजर निराला ने उसके ऑसू पोंछे और उसे सीने से लगा दिया।

हवा का तेज झोंका आया। अचानक लालटेन की लौ थरथराने लगी और फिर धीरे-धीरे बुझ गई

दस

प्रातः की वेला!

मेलू, ग्वीराल और पइयां के फूलों की खुशबू समेटे शीतल पवन तन-मन को आनन्दित कर रही है। पूरब दिशा में दूर ऊँची-नीची पहाड़ियों के मध्य लाल सुर्ख रंग की आभा बिखरी हुई है, जो सूर्य भगवान के शीघ्र ही प्रकट होने की ओर संकेत कर रही है। गांव के नीचे दूर-दूर तक फैले छोटे-छोटे सीढ़ीनुमा खेतों में पूरी हलचल है।

बैलों की टुन-टुन बजती घण्टियां और हल वाहकों की 'ले-ले', 'छो-छो', 'बौडि जा' शब्द वातावरण में गूँज रहे हैं।

एक नहीं अपितु कई जोड़े हल-बैल खेतों में अपने काम में जुटे हुये हैं। मेजर ने आज कुछ देर कर दी है। कल रात बहुत देर से सोया था, इसलिये देर से ही आंख खुली। अब जाकर हल कन्धे पर लादकर वह 'सारी' में पहुंचा, तो लोग आधे से अधिक खेत में हल लगा चुके थे। सचमुच कितने परिश्रमी होते है गाँव के लोग!

मुँह अन्धेरे ही हल, बैल लेकर पहुँच जाते हैं खेतों में। फिर भी कितने प्रसन्नचित और स्वस्थ। य हाँ! न कोई व्यायाम और न खान-पान का परहेज। फिर भी बीमारियों से दूर। मेहनत ही तो

इनका व्यायाम है। पहाड़ की माटी की सुगन्ध लिए ताजी हवा और बांज की जड़ों का मीठा ठण्डा पानी इनके लिये खुराक है।

वह सामने गबरू काका हल लगा रहा है। पूरे सत्तर बरस का हो चुका है। इस उम्र में भी इतने तगड़े बैलों के साथ पूरे जोश से हल चला रहा है। आधे से ज्यादा खेत जोत चुका है। 'जै हिन्द गबरू काका!'-मेजर ने दूर से ही हाँक लगाई

'जै हिन्द पल्टनेर!'-गबरू काका ने भी उसी ऊँचे स्वर में जबाव दिया।-'कब आना हुआ? सब खैरियत तो हैं न'।

'कल आया काका, सब खैरियत है'-मेजर ने नजदीक पहुँचते हुये जबाव दिया।'

'बेटा, अभी युद्ध खत्म तो नहीं हुआ न?', हम हर रोज रेडियो पर जंग का बुलेटिन सुनते थे। हमें तुम्हारी बड़ी चिन्ता रहती थी।'-गबरू काका एक ही साँस में सब कुछ एक साथ कह गया।

'और काका मुझे भी बड़ी चिन्ता रहती थी। तुम्हारे चौक के टूटे हुये पुस्ते की।'-मेजर ने भी ताल ठोकी।

दोनों ने एक साथ ठहाका मारा। एकदम मस्त आदमी है गबरू काका भी और खुशदिल भी। सारी उम्र गाँव में ही काट दी मेहनत मजदूरी और हल चलाते हुये। सिर्फ अपना ही नहीं कई परिवारों का हल चलाता था काका, किन्तु बढ़ती उम्र ने धीरे-धीरे शरीर की सामर्थ्य को खोखला करना शुरू कर दिया। काका ने अब औरों का हल चलाना तो छोड़ दिया, किन्तु अपना हल आज भी, इस उम्र में भी लगाना जारी रखा है।

पिछले वर्ष मेजर ने काका के चौक का पुस्ता रखने का वायदा किया था। किन्तु काम इतने ज्यादा बढ़ गये थे कि उसका नम्बर ही नहीं आया। पिछले दो बरस से टूटा पड़ा है उनके चौक का पुस्ता। काका की अब न तो इतनी सामर्थ्य है कि वर्षो पुराने पुस्ते के बड़े-बड़े पत्थरों को चौक की ऊँचाई तक उठाकर चुन

सके। और न ही काका के पास इतना पैसा कि मजदूरों से पुस्ता लगवा सके। यही सब देखकर मेजर ने वायदा किया था कि पुस्ता लगा देगा।

'काका अब की बार तो सबसे पहला नम्बर है तुम्हारे पुस्ते का'-मेजर ने अपना वायदा दोहराया-'ओ.के.?'

'ठीक है बेटा'-काका ने आश्वस्त होते हुए कहा।

'अभी मैं चलता हूँ काका, शाम को गैंती, बेलचा और कुदाल तैयार रखना। आज से ही काम शुरू।'-मेजर ने जाते-जाते जवाब की प्रतीक्षा किये बिना कहा।

गबरू काका ने हल रोककर एक लम्बी साँस ली। फिर आगे निकल चुके मेजर की ओर ऐसे देखा मानों वह कोई आदमी न होकर अजूबा हो। फिर मन ही मन बड़बड़ाया-'अजीब आदमी है? पूरे गाँव के लिये जीता है, सबकी मदद करता है। '

ग्यारह

'सब की मदद करता है, किन्तु हमारी नहीं करेगा।'-झब्बन हवलदार ने अपने बेटे सूरज को समझाया।

'लेकिन पिताजी, यही तो मैं आपसे जानना चाह रहा हूँ।'-सूरज ने जिज्ञासावश फिर अगला सवाल किया। 'नीरू भैया जब सारे गांव की मदद करता है, तो आखिर हमसे उसकी क्या दुश्मनी है?'

अब झब्बन कैसे अपने जवान बेटे को समझाये कि कई बरस पहले खुद उसने ही जो कृत्य करना चाहा था, उसके प्रतिफल में वह आज तक मेजर के सामने सिर उठाकर बात नहीं कर सकता। यह अलग बात है कि मेजर उसे भी अन्य गाँव वालों की तरह सम्मान से 'काका-काका' कहकर पुकारता है।

इंसान जीवन में कई गलतियाँ करता है। काम, क्रोध, मोह और लालच के वशीभूत होकर कई बार अन्य लोगों के साथ भी गलत व्यवहार कर देता है। कई गलतियाँ तो व्यक्ति स्वयं सुधार देता है, कई गलतियों का पश्चाताप कर लेता है और कई गलतियों को भूल भी जाता है, किन्तु कई गलतियाँ ऐसी होती हैं जिन्हें इंसान न तो सुधार सकता है, न उनका पश्चाताप कर सकता है और न ही उन्हें भुला सकता है। ऐसी घटनाएँ इंसान के मनोमस्तिष्क में घर कर जाती हैं और उम्र भर स्वयं उसको लज्जित करती रहती

हैं। समय गुजर जाता है, लेकिन गलती का अहसास व्यक्ति को अन्दर-अन्दर ही कचोटता रहता है।

झब्बन भी फौज का रिटायर हवलदार है। आज से पच्चीस वर्ष पूर्व जब वह फौज में हुआ करता था, तब उसके गाँव सहित अगल बगल के एक दर्जन गाँवों में कोई फौजी नहीं हुआ करता था। तूती बोलती थी उसकी सारे इलाके में। जब वह रिटायर होकर आया, तो झब्बन हवलदार के नाम से प्रसिद्ध हो गया। पूरी पट्टी में एक मात्र हवलदार था वह। आज भी लोग उसके परिवार को 'हवलदारू का' के नाम से पुकारते हैं।

किन्तु उस जमाने की हवलदारी के बाद भी अपने एक मात्र बेटे को वह फौज में भर्ती नहीं करवा पाया। दो तीन बार सूरज को उसने लैन्सडौन में लाइन पर खड़ा भी किया, किन्तु किसी बार दौड़ में, किसी बार छाती में और किसी बार कलर विजन टेस्ट में वह बाहर हो गया। अब उसके जमाने के आफिसर तो रहे नहीं जो कि सिफारिश लगवाकर अपना काम करवा पाता।

सूरज अब पूरे बाईस वर्ष का हो गया है। सामने खेतों में मेजर निराला को हल चलाता देखकर सूरज ने अपने पिता से पूछ लिया था, 'पिता जी, अभी लड़ाई की शुरूआत हुई है, किन्तु नीरू भैय्या को छुट्टी कैसे मिल गई?'

'बेटा फौज में काबिल ऑफिसरों को जंग के अन्तिम समय में मैदान में उतारा जाता है।'-झब्बन ने सूरज को समझाया-'इसलिये उसे पहले ही छुट्टी भेज दिया गया होगा।' और फिर सूरज ने अचानक ऐसा सवाल कर दिया, जिसका जवाब झब्बन से देते न बना।-'पिताजी नीरू भैय्या गाँव में सब की मदद करते हैं। आप उनसे कह कर मुझे भर्ती क्यों नहीं करा देते?'

हल लगाते-लगाते झब्बन को जैसे ब्रेक लग गया। हल का फन भी जमीन में गड़े किसी पत्थर पर अटक गया। बैल

हिनहिनाते हुए रुक गये। 'जू' और 'लाट' के मध्य बँधे 'नाड़े' की चरमराहट तेज हुई

झब्बन ने हल को पीछे खिसकाकर बाहर निकाला, जोर से बैलों को हाँक लगाई-'ले-ले, चल।'

और बैल आगे बढ़ गये। सूरज के प्रश्न का झब्बन ने सिर्फ इतना जबाव भर दिया कि मेजर सब की मदद तो करता है किन्तु हमारी नहीं करेगा।

लेकिन सूरज था कि कारण जानने पर तुल गया था। टालने के लिये झब्बन ने सूरज के हाथ में हल की मूठ पकड़वा दी और खुद खेत की मेढ़ के किनारे 'खड़ीक' के विशाल वृक्ष की घनी छाँव में बैठ गया। झब्बन सोचने लगा कि कैसे वह अपने बेटे को वह घटना बताये। बता भी दे तो सुनकर उसके बेटे के दिल में अपने पिता के प्रति क्या विचार बनेगें? नहीं! वह सूरज को कभी नहीं बता सकता। सूरज को ही क्या, किसी को भी नहीं बता सकता। तभी तो आज तक वह घटना उसके दिल में हर वक्त काँटे की तरह चुभती रही है।

उन दिनों हवलदार का प्रमोशन पाकर झब्बन दो महीने की छुट्टी पर घर आया था। गाँव में अच्छा खासा रुतबा था उसका। वह जब भी घर आता, शाम को गाँव के सारे बड़े बुजुर्ग उसके घर में इकट्ठे हो जाते। इस बार वह 'ग्रामोफोन' लेकर गाँव आया था। रेडियो तब नहीं हुआ करते थे। ग्रामोफोन भी गाँव वालों के लिये गाना गाने वाली एक अनोखी मशीन थी। हाथ से चाबी घुमाओ, तवे के ऊपर रिकार्ड फिट करो, और हत्थी की सुई लगी मुण्डी रिकार्ड के ऊपर सरकाओ और गाना शुरू। लोग उत्सुकता से गाना सुनते और साथ-साथ तालियां भी बजाते।

सूरज तब दो साल का था। उसकी माँ पहाड़ी से घास काटते समय फिसल गई थी। काफी दूर जाकर गिरी। साथ की घसियारिनों

ने शोर मचाया। गाँव के लोग वहाँ पहुँचे। 'डंडी' का प्रबन्ध किया और किसी तरह उसमें लादकर पौड़ी अस्पताल पहुंचाया। पैदल अस्पताल पहुँचते-पहुँचते पूरे दो घण्टे लग गये। तब तक सिर से बहुत खून बह चुका था। एक दिन भर्ती रही। पूरी तरह बेहोश, फिर डाक्टरों ने जबाव दे दिया। वह झब्बन और सूरज को अकेला छोड़ कर ईश्वर को प्यारी हो गईं

तब से झब्बन ने शादी नहीं की। किसी तरह छः महीने तक सूरज की देखरेख का बन्दोबस्त करके फिर वह रिटायर आ गया।

बारह

नीरू तब आठ-दस वर्ष का रहा होगा। उसके पिता भी बचपन में ही गुजर गये थे। उसकी माँ तारा देवी ने किसी तरह से मेहनत मजदूरी करके और खेत गिरवी रखकर उसको स्कूल में पढ़ाया।

उस जमाने में स्त्रियों के अधिकार बहुत सीमित थे। ऊपर से विधवा स्त्री का जीवन तो किसी नर्क से कम नहीं हुआ करता था। किसी काम से घर से बाहर जाते हुये विधवा का मुँह दिखना अपशकुन माना जाता था। शादी, ब्याह, नामकरण आदि मांगलिक कार्यों में तो विधवाओं का शामिल होना भी वर्जित था।

तारा देवी के परिवार पर भी पति की मृत्यु के बाद दुःखों का पहाड़ टूट गया। हालांकि नीरू के पिता कोई नौकरी-चाकरी वाले तो नहीं थे, फिर भी खेत खलिहान में मेहनत करके वर्ष भर की राशन निकल ही जाती थी। पति का साया ही बहुत बड़ा होता है। किन्तु पति की मृत्यु के बाद स्त्री टूट जाती है।

तारा देवी अपनी देह तोड़कर खेतों में मेहनत तो करती, किन्तु हल लगवाने के लिये उसे जिस किसी की खुशामद करनी पड़ती। तब जाकर उसके खेत लाल हो पाते।

सब कुछ सहने के बावजूद भी उसने नीरू को कोई कमी नहीं होने दी। उसे यह अहसास कभी नहीं होने दिया कि उसके

पिता नहीं हैं। और लोगों के बच्चों की तरह, उसको स्कूल में भर्ती करके उसकी कापी किताबों का खर्चा उठा रही है।

पिछले पाँच महीने से वह नीरू की स्कूल फीस नहीं दे पाई आज नीरू बस्ता लटकाये दिन में ही स्कूल से घर चला आया। तारा देवी का दिल धड़क उठा। बेताबी से पूछा-'क्या हुआ नीरू? घर क्यों चला आया?'

नीरू रोने लगा।

'क्या हुआ?'-माँ ने उसके सिर पर हाथ फेरते हुये पूछा-'किसी ने मारा है क्या?'

जबाव में नीरू ने मुण्डी 'ना' में हिला दी।

'तो फिर क्या बात है? मास्टर जी ने कुछ कहा है?' उसने फिर पूछा। अब नीरू ने मुण्डी 'हाँ' में हिलाईं

'क्या कहा मास्टर जी ने?'-माँ ने बेसब्री से पूछा।

'कहा कि पहले पिछले पांच महीने की फीस भरो, फिर स्कूल आना।'-नीरू ने सिसकियाँ लेते हुए कहा।

'तो कह देता कि एक दो दिन में भर देगें।'-तारा देवी बोली।

'कहा था, माँ, लेकिन मास्टर जी ने कहा कि चार महीने से यही बहाना बना रहे हो।'-नीरू की रुलाई और तेज हो गई, 'सबके सामने मुझे डाँटा और स्कूल से भगा दिया।'

तारा देवी का कलेजा फट पड़ा, आँखों से आँसू निकल आये। बच्चे को छाती से लगाया और आसमान की ओर निहारकर बोली-'हे ईश्वर! ये तू कैसी परीक्षा ले रहा है हमारी? कैसे दिन दिखा रहा है हमें? अब मैं किससे पैसे माँगू? सबसे माँग कर तो देख लिया। कंगाल हो गये हैं इस गाँव में जैसे सब। कोई भी पांच रुपये देने को तैयार नहीं। ऐसे ही थोड़े रहेंगे जिन्दगी भर हम'।

और तारा देवी न जाने क्या-क्या बड़बड़ाती रही। तभी उसे जैसे कुछ याद आ गया हो। नीरू को तुरन्त छाती से अलग

किया-'तू ठहर, मैं झब्बन हवलदार देवर जी से कहकर देखती हूँ। वे शायद कुछ मदद कर दें', और वह पल्लू सिर पर ओढकर झब्बन के घर की ओर चल दी।

तेरह

चारपाई पर लेटा झब्बन विचारों में लीन है। पत्नी के गुजर जाने के बाद उसका जीवन कितना एकाकी हो गया है। सचमुच स्त्री घर की शोभा होती है। स्त्री के बिना पूरा घर कितना सूना-सूना लगता है। माँ के बिना बच्चे की परवरिश करना कितना कठिन काम है। इस बात को झब्बन पिछले दो बरस में अच्छी तरह समझ और झेल चुका है।

सूरज अब हाथ पाँव वाला हो गया है। अब अपना छोटा-मोटा काम तो स्वयं ही कर लेता है। पर फिर भी है तो बच्चा ही।

सोचते-सोचते झब्बन की आँख लग गईं

'देवर जी।'-एक महिला स्वर उसके कानों में उभरा। झब्बन ने चौंककर आँखें खोली। मानों सपना देख रहा हो। तारा भाभी उसकी देहरी पर खड़ी थी। आज यह क्या हो गया, जो भाभी देहरी तक आ गईं वरना आज तक तो उसने इधर नजर उठाकर भी नहीं देखा।

'आओ भाभी जी!'-झब्बन उठ बैठा-'आज आपने कैसे अपनी कृपा दृष्टि इधर फेर दी?'

'अपने ही काम से आई हूँ देवर जी।'-झिझकते हुये तारा देवी ने जबाव दिया।

'काम भी हो जायेगा।'-झब्बन ने एक कामुक दृष्टि तारा पर डाली-'पहले अन्दर तो आओ।'

'मुसीबत में हूँ देवर जी।'-तारा देहरी से अन्दर आते हुए बोली-'आज मास्टर जी ने नीरू को स्कूल से निकाल दिया।'

'ऐसी की तैसी मास्टर की।'-झब्बन ने तैश में कहा-'आप हुकम तो करें। थोबड़ा बैण्ड कर दूंगा साले का।'

'नहीं नहीं, ऐसा कुछ नहीं करना देवर जी'-तारा सहमकर बोली-'मुझे तो पांच रूपये चाहिये नीरू की फीस के लिये।'

'बस!'-झब्बन ने ऐसे कहा मानो पांच रुपये वह हथेली मल कर मैल से निकाल देगा।

'हाँ देवर जी, बस इतनी कृपा कर दीजिये।'-लाचार तारा देवी ने कहा-'मेरा नीरू पढ़ लिख जायेगा, तो मैं आपका ऋण चुका दूँगी।'

'भाभी जी! तुम चाहो तो नीरू को शहर में भी पढ़ा-लिखा सकती हो, उसे बहुत बड़ा आदमी बना सकती हो लेकिन...'

वाक्य अधूरा छोड़ दिया था झब्बन ने।

'लेकिन क्या देवर जी?'-पूछा तारा ने।

धूर्तता उभर आई झब्बन की आँखों में।

'तुम्हारा पति नहीं है और मेरी पत्नी यानि कि...' कहते कहते उसने तारा का हाथ पकड़ लिया।

'तड़ाक'-एक भरपूर तमाचा पड़ा झब्बन के गाल पर। तिलमिला उठा था वह। उसे सपने भी उम्मीद नहीं थी कि उस पर कोई हाथ उठाने की हिम्मत भी कर सकता है।

'कमीने! औरत की लाचारी का मोल आँकता है।'-बिफर उठी तारा देवी।-'मैं तो तुझे देवता समझ कर मदद माँगने आई थी। पर तू तो राक्षस निकला, थू! लानत है तेरी हवलदारी पर।' और सचमुच में उसके चेहरे पर थूक दिया था तारा देवी ने।

झब्बन की आँखे लाल हो गईं। गुस्से में थर-थर कांपने लगा वह। आज तक किसी ने उससे जुबान नहीं लड़ाई और यह औरत इतना कुछ कह गईं

'साली! हरामजादी! भिखारिन!'-बरस पड़ा था झब्बन भी-'बड़ी सती सावित्री बनती फिरती है।'

अपने को छुड़ाने के फेर में सावित्री ने उसका गिरेबान पकड़ लिया। गुत्थम गुत्था हो गये दोनों।

तभी मासूम नीरू भी न जाने कैसे आ पहुँचा कमरे में। माँ को झब्बन से उलझता देख उसने छुड़ाने की हर सम्भव कोशिश की और नाकाम रहने पर झब्बन की कलाई में अपने दांत गड़ा दिए।

दर्द से बिलबिला उठा झब्बन। तारा पर पकड़ ढीली पड़ गई उसकी।

'तड़ाक।'-एक जोर का थप्पड़ रसीद किया नीरू पर-'साले। भिखारी की औलाद! देख लूँगा तुझे भी।

इससे पहले कि झब्बन और कुछ करता, तारा देवी तेजी से नीरू का हाथ पकड़कर कमरे से लगभग घसीटते हुए बाहर ले गईं किन्तु विद्रोह जाग उठा था उसके कोमल मन में। गर्दन पीछे घुमाकर धमकी भरे अंदाज में जाते-जाते बोलता चला गया।-'तेरा यह थप्पड़ हमेशा याद रखूँगा चाचा। एक दिन तुझसे बड़ा पल्टनेर बनकर दिखाऊँगा।'

'अरे जा जा!' झब्बन कमरे से बाहर निकलकर बोला-'भिखारी की औलाद भिखारी से ज्यादा कुछ नहीं बन सकती।' नीरू कुछ बोलता, इससे पहले ही तारा देवी ने कहा-'चल बेटा! इसके मुँह मत लग।', और वह तेजी से झब्बन के चौक को पार करती हुई चली गईं

चौदह

'झब्बन काका! ओ झब्बन काका!' आवाज सुनकर जैसे सपने से जाग गया हो झब्बन। चौंक कर देखा। सामने दो तीन खेतों के अन्तर पर पेड़ की छाँव में बैठा मेजर उसे आवाज दे रहा था। पसीने की बूंदे उभर आई थी झब्बन के माथे पर। अंगोछे से साफ किया उन्हें और फिर सामान्य होते हुये बोला। 'हा मेजर! क्या बात है?'

'काका! मैं कब से आपको आवाज दे रहा हूँ? कहाँ खो गये थे आप विचारों में?' मेजर निराला ने कहा।

'बस कुछ नहीं बेटा ऐसे ही।'-झब्बन को एक झटका सा लगा। फिर उसने हल चला रहे सूरज को कनखियों से देखा। सूरज अपने पिताजी के चेहरे पर आ-जा रहे भावों को देखकर असमंजस में था।

झब्बन हड़बड़ा उठा, शायद उस की चोरी पकड़ी गईं नहीं, नहीं! सूरज को क्या मालूम कि मैं क्या सोच रहा था। सूरज को ही क्या? किसी को भी क्या मालूम। इनमें से कोई 'बक्या' तो है नहीं।

'काका आओ, 'कलेवा' खा लो, दो मिनट के लिये बैलों को आराम करने दो। सूरज को भी ले आओ।'-मेजर ने फिर उधुर से

कहा।

'नहीं नहीं बेटा, हम सुबह खाकर आये हैं।'–टालते हुए झब्बन ने कहा–'तुम खाओ आराम से।'

'अरे कमाल करते हो काका तुम भी?'–मेजर ने जैसे नाराज होते हुये कहा–'बहू का बनाया हुआ खा लोगे तो कौन सी 'छौं' हो जायेगी तुम पर। रोज तो खुद ही बनाकर खाते हो।'

'नहीं बेटा, ऐसी बात नहीं।'–मन मारकर जाना ही पड़ा झब्बन को। हल–बैल खड़े करके सूरज को भी अपने साथ ले गया।

गहथ की भरी 'ढबड़ी' रोटी बनाई थी सावित्री ने। साथ में मूली का 'थिंच्वाणी'। ठिक्की भर कर छांछ भी लाई थी। खुद अपने हाथों से परोसा उसने। हाथ धोकर तीनों खाना खाने लगे।

'कितनी छुट्टियाँ है बेटा?'–खामोशी को तोड़ते हुये झब्बन ने ही पूछा।

'सिर्फ पन्द्रह दिन काका।'–जबाव दिया मेजर ने–'वह भी जबरदस्ती।'

'हाँ मालूम है, फौज में अच्छे काबिल अफसरों को जंग में आखिर क्षणों में उतारा जाता है।'–अबकी बार बोला सूरज।

'अरे कमाल है?'–मेजर ने उसे आश्चर्य से निहारा–'तुझे कैसे मालूम?'

'पिताजी ने आज ही बताया।'–सूरज बोला।

'हाँ! तू भी आखिर फौजी का बेटा है'–तारीफ की मेजर ने–'लेकिन ये बता कि तूने हाईस्कूल कभी का कर दिया, फिर फौज में भर्ती क्यों नहीं हो जाता?'

'लाइन में तीन बार लग चुका भइया, लेकिन हर बार कुछ न कुछ कमी रह जाती है।'–मायूस होकर सूरज बोला।

'अरे, तो बोला क्यों नहीं? तुझे मैं टकाटक फिट कर दूंगा इन छुट्टियों में।'–फिर झब्बन काका की ओर देखकर पूछा–'काका!

इसकी इच्छा थी, तो मुझे बता दिया होता, मैं इसे अपने साथ ले जाता।'

'बेटा मैं इस लायक नहीं हूँ कि तुमसे नजरें भी मिला सकूं। मदद माँगना तो दूर।'–नजरें चुरा कर झब्बन बोला।

सब कुछ समझ गया था मेजर। सावित्री और सूरज अपने–अपने ढंग से दोनों के बीच चल रही बात का अर्थ ढूँढ़ रहे थे।

'अरे छोड़ो भी काका! गड़े मुर्दे उखाड़ते हो आप भी।'–शान्त होकर मेजर बोला–'आपकी कृपा से तो मुझे कुछ बनने की प्रेरणा मिली।'

आँसू छलक आये झब्बन के। पश्चाताप के आँसू। पहली बार किसी ने झब्बन की आँखों में आँसू देखे। बहुत कड़क मिजाज और कठोर हृदय समझा जाता था झब्बन को। खुद सूरज भी पहली बार अपने पिता की यह मुख मुद्रा देखकर हैरान था।

मेजर खुद दुःखी हो गया, विषय बदल कर बोला–'अच्छा काका, युद्ध समाप्त होने के बाद सबसे पहले सूरज को भर्ती करने की जिम्मेदारी मेरी। कोई शक?'

गद्‌गद् हो गया झब्बन। कितना महान है यह नीरू, जिसने मेरा इतना बड़ा अपराध क्षमा कर दिया। ठीक ही कहते हैं कि बड़े आदमी का दिल भी बड़ा होता है। वर्षो से झब्बन के दिल में बना हुआ बोझ आज हल्का हो गया। आत्महीनता का जो भाव अब तब उसे कचोटे जा रहा था, वह आज समाप्त हो गया क्षण भर में।

'बेटा, तुम बहुत महान हो, तुमने आज मेरा दिल हल्का कर दिया',–भावावेश मे बोल पड़ा झब्बन–'वर्षो से मेरे दिल में दबी पश्चाताप की चिंगारी को आज तुमने शान्त कर दिया।'

मेजर मुस्करा दिया। साथ में सावित्री और सूरज भी बिना कुछ समझे मुस्करा दिये।

पन्द्रह

छुट्टी के दूसरे दिन आज मेजर ने काफी काम निबटाये। सुबह ही उठकर सबसे पहले धारे से पूरे चार बन्ठे पानी लाया। फिर खेतों में हल जोता। पूरी एक 'वात' लगाई आज मेजर ने। शाम के समय गबरू काका के आँगन के पुस्ते को खाली करके नींव खोद दी। अब केवल एक दिन में ही पुस्ता चिन देगा।

इतना सब करते-करते कुछ थकान भी हो गईं पूरे एक वर्ष बाद ऐसा काम जो करना पड़ा। भूख भी खूब खुलकर लग गईं रसोई से 'जख्या' के तड़के की खुशबू आई तो मेजर की भूख और जाग गईं बबलू पढ़ रहा है, अब मेजर को इन्तजारी है कि सावित्री खाने के लिये कब आवाज दे।

आखिरकार आवाज लग ही गईं बिना एक पल गवायें मेजर बबलू का हाथ थामकर रसोई में आ धमका। उड़द की दाल और 'लय्या' की सब्जी, उसमें तड़का जख्या का। खूब पेट भर खाया मेजर ने।

'थोड़ी सी और सब्जी लीजिये न।'-सावित्री ने कटोरी खाली देख आग्रह किया।

'बस भाईं'-पेट पर हाथ फेरते हुये मेजर बोला-'तुम इतना खाना खिला देती हो कि फिर आलस्य छा जाता है। कुछ काम

करने की इच्छा ही नहीं होती।'

'तुम पर तो हर समय काम का भूत सवार रहता है।'-प्यार से डाँटने वाले अंदाज में सावित्री बोली-'घर में आये हो तो कुछ आराम से भी छुट्टियाँ काटनी चाहिये।'

'अरे नहीं सावि! हम फौजियों को कुछ न कुछ करने की आदत पड़ी रहती है'-समझाया मेजर ने।-'अगर कुछ नहीं करेंगे तो जंग लग जायेगी हमें।'

'वह तो ठीक है, किन्तु इतनी व्यस्तता भी ठीक नहीं कि आदमी अपने पारिवारिक उत्तरदायित्व भी भूल जाये।'-सावित्री ने मौका देखकर अपनी बात की भूमिका रखी-'समाज सेवा उतनी ही करनी चाहिये कि जितनी पच जाये।

'तुम्हारा मतलब है कि मैं अपने पारिवारिक दायित्व पूरे नहीं करता हूँ।'-तनिक शंकित होकर मेजर बोले-'यानी मैं तुम लोगों की तरफ से बेखबर हूँ?'

'ये मतलब तो नहीं है। पर फिर भी यह सच है कि लोगों के कामों में आप इतना व्यस्त हो गये हैं कि मेरे और बबलू के भविष्य की आप को चिन्ता नहीं रहीं।'-शिकायत की सावित्री ने।

'यह कैसे कह सकती हो तुम?'-हाथ धोते हुये मेजर ने पूछा।

'अब देखो न, बबलू बड़ा हो गया है, किसी अच्छे स्कूल में रख देते तो बड़ा आदमी बन सकता था। लोगों ने पहाड़ छोड़कर बाहर मकान बना लिये हैं, जमीन-जायजाद खरीद ली है और आप मेजर होकर भी पौड़ी तक में एक टुकड़ा जमीन नहीं खरीद पाये हैं। जब रिटायर आ जाओगे, तब कैसे काम चलेगा। अगर अब तक कहीं बाहर अपना भी मकान बन गया होता तो आज...।'

टेपरिकार्डर की तरह बोलती चली गई सावित्री। किन्तु बीच में ही बात काट दी मेजर ने।

'तुम बहुत भोली हो सावि! परदेश में रखा ही क्या है, जो कि

अपनी पुस्तैनी जमीन, जायजाद और घर आंगन छोड़कर बस जाएँ? शोरगुल, गन्दगी, आये दिन दुर्घटनाएँ, लड़ाई, झगड़ा, मारपीट और आतंकवाद। इन सबसे तो परेदशी स्वयं ही तंग आ चुके हैं। वर्षो पूर्व पलायन कर चुके लोग सहमें हुए हैं और लौटकर पहाड़ में अपनी जड़ें और जमीन जायजाद की ढूँढ कर रहे हैं। यही नहीं, फैक्ट्रियों, उद्योगों और गाड़ियों के धुएँ ने इतना प्रदूषण फैला दिया है कि वहाँ इंसान को ताजी हवा तक नसीब नहीं।' मेजर ने भी तर्क के साथ लम्बा चौड़ा भाषण दे डाला।

'तो जो लोग गाँव छोड़कर शहरों में बस रहे हैं वे मूर्ख हैं क्या?' सावित्री ने अन्तिम हथियार छोड़ा।

'निःसन्देह वे मूर्ख हैं। तुम मेरी एक बात गॉठ बांध लो कि आने वाले दस बरस में आदमी शहर छोड़कर गांवों की ओर दौड़े चले आयेंगे। आखिर कब तक लोग इस कड़वी सच्चाई को झुठलाएँगें? एक न एक दिन तो उन्हें अपने घर, अपने गांव लौटना ही पड़ेगा।'-मेजर ने फिर लम्बा भाषण दिया। भाषण का ऐसा असर सावित्री पर पड़ा कि वह निरुत्तर हो गईं कुछ भी बोलते न बना उससे।

सचमुच बहुत भोली है सावित्री। कई वर्षो से परदेश जाने की तमन्ना दिल में लिये हुए है। लेकिन हर बार मेजर की चिकनी-चुपड़ी बातों में आ जाती है। आयेगी भी क्यों नहीं? पति को परमेश्वर जो समझती है। उनकी हर बात को ईश्वर का वचन मानती है।

आज भी हार गई सावित्री। आखिर बोलते तो मेजर ठीक ही हैं। अब गाँव में सड़क आ गईं पाइपों का पानी आ गया। स्कूल बन गए। जब सब कुछ ही गाँव में है तो शहर में रखा क्या है? मेजर की बात उसे स्वीकार करनी ही पड़ी। जब कुछ बोलते न बन पड़ा, तो वह बोली-

'बस-बस, बन्द भी कीजिये अब यह भाषणबाजी। तुमसे तो भला कौन जीत सकता है।'

सोलह

पुस्ते की नींव कल ही खुद गई थी। आज नींव भरने की शुरूआत भी सुबह-सुबह हो गईं नींव में मेजर ने सबसे पहले बड़े-बड़े पत्थर भरने शुरू किये। पत्थर भी इतने बड़े कि एक आदमी से उठाए न उठे। न जाने पुराने लोगों ने कैसे इतने बड़े-बड़े पत्थर खदानों से निकाल कर घर तक पहुँचाये होंगे।

उस जमाने में घी-दूध खूब था। कोदा झंगोरा खाकर लोग हृष्ट-पुष्ट थे। तब संसाधन कम जरूर थे, जीवन थोड़ा असुविधाजनक था। किन्तु धीरे-धीरे आधुनिकता आने लगी। लोगों की अभिरुचि के साथ खान-पान और पहनावे में भी बदलाव आया। यही नहीं पर्यावरण में भी बहुत बदलाव आ गया। अब मनुष्य में अनेक प्रकार की बीमारियाँ पनपने लगी हैं। बल्कि मनुष्य बीमारियों का ही घर हो गया है।

तब बीमारियाँ कुछ नहीं थी। हैजा और चेचक जैसी दो महामारियां जरूर थीं। उनका इलाज भी आयुर्वेदिक विधि से किया जाता था। स्वस्थ और प्रसन्नचित था व्यक्ति, जरूरतें कम थी। जरूरत के हिसाब से मेहनत होती थी और सीमित संसाधनों में ही परिवार का जीवन यापन होता था। आज मनुष्य मशीनी युग में स्वयं भी मशीन की तरह हो गया है। मेहनत करने की प्रवृत्ति खत्म हो रही

है। यही कारण है कि खेती-पाती और गाँव-खलिहान से लोगों का धीरे-धीरे मोह भंग होने लगा है। पलायन कर रहे हैं लोग। गाँव लगातार खाली होते जा रहे हैं, और जमीन धीरे-धीरे बंजर।

अब लोग अपने छोटे-मोटे मेहनत मजदूरी के काम के लिये मजदूरों पर आश्रित हो गये हैं। पड़ोसी राष्ट्र नेपाल के लोगों ने इस कमी को पूरा किया है। गाँव-गाँव और शहर-शहर में अब नेपाली पहुंच चुके हैं। यहां तक कि गाँव में बंजर पड़ी भूमि को भी अब नेपालियों ने मेहनत करके हरा भरा बना दिया है। वर्ष भर हमारी जमीन पर फसल या सब्जी उगाकर अच्छा मुनाफा कमा रहे हैं ये लोग।

दूसरी ओर हमारे नवयुवक पढ़ लिख कर दिल्ली, मुम्बई, चण्डीगढ़ आदि महानगरों में पलायन करके दर-दर की ठोकरें खा रहे हैं। जिन लोगों को ठीक ठाक नौकरी मिल गई है, उन्होंने तो घर तक बना लिये हैं वहां। अब वे पूरी तरह प्रवासी हो गये हैं। पहाड़ से उनका रिश्ता अब गर्मियों की छुट्टियों, पाठ-पूजा और शादी ब्याह तक सीमित होकर रह गया है।

कई प्रवासी तो वर्षो तक पहाड़ आते ही नहीं हैं। यही नहीं, उनकी नई पीढ़ी यानी कि उनके बच्चे तक अपना मूल गाँव नहीं जानते और हाँ, गढ़वाली बोली तो उन्हें आती ही नहीं है। न ही माँ बाप ने उन्हें अपनी बोली सिखाने का कोई प्रयास किया। बच्चे सीखेंगे भी कैसे? माँ-बाप स्वयं भी तो गढ़वाली नहीं बोलते। फिर बच्चों की बातें करना तो बेईमानी है।

फिलहाल अपने गाँव में ऐसी स्थिति नहीं है। नवयुवकों ने पढ़ा लिखा भी है। कुछ ने पौड़ी बाजार में अपना छोटा-मोटा व्यवसाय शुरू किया है। कुछ ने नेपालियों की देखादेखी सब्जी उत्पादन शुरू किया है और पौड़ी में सड़क किनारे ठेली लगाकर अच्छी कमाई कर रहे हैं। हाँ कुछ युवा पलायन भी कर गये हैं,

किन्तु उनकी संख्या सीमित है।

गाँव में अब कई विकास योजनाएँ भी चल रही हैं। समय समय पर सरकार द्वारा ब्लाक और प्रधान के माध्यम से कई काम करवाये जाते हैं, जिससे कुछ लोगों को महीने भर में आठ-दस दिन रोजगार भी मिल जाता है।

सुन्दर सिंह के भाई का लड़का जग्गू ऐसे ही लोगों में है, जिसने कम उम्र में ही दिहाड़ी मजदूरी शुरू कर दी है। पढ़ने लिखने की उम्र है, किन्तु कलम-किताब की जगह हाथ में गैंती, बेलचा और फावड़ा आ गया है। उम्र होगी कम से कम चौदह बरस। ठीक बबलू के बराबर।

जग्गू आज मेजर के साथ गबरू काका के पुस्ते पर दिहाड़ी पर कार्य कर रहा है। बहुत भोला और बालसुलभ मन। मजदूरी करते-करते उसे अब पूरा ज्ञान हो गया कि चिनाई करने वाले को कब 'गारा-माटा' चाहिये, कब पत्थर चाहिये और कैसा पत्थर चाहिये।

चिनाई करते समय मेजर को जग्गू से पूरी मदद मिल रही थी। 'चाचा जी!' जग्गू बोला-'ये बड़ा पत्थर यहाँ पर ठीक बैठ जायेगा। 'ले आऊँ?'

'नहीं जग्गू! यह तुम्हारे बस का नहीं हैं।'-मेजर ने पत्थर का जायजा लेते हुये कहा।

'नहीं! चाचा जी, मैं तो इससे बड़े-बड़े पत्थर भी उठा देता हूँ' जग्गू मासूमियत से बोला।

जग्गू ने पत्थर उठाया, मेजर ने मदद की और सतह देख कर चिनाई में बिठा दिया।

'जग्गू! यार तू तो बड़ा बहादुर है।' मेजर ने तारीफ की। फिर पूछा-'अच्छा ये बता तूने पढ़ाई किस कक्षा तक की है?'

'आठ तक, उसके बाद छोड़ दी।'

'आगे क्यों नहीं पढ़ा?'

'पिता जी ने मना किया',

'क्यों?'

'फीस के लिये पैसे नहीं थे।' जग्गू बोला-'पिताजी ने कहा क्या करेगा पढ़ के। इससे बढ़िया तो बकरियाँ चुगा, कुछ 'लोण तेल' तो निकलेगा घर का।'

'फिर?'

'फिर क्या? पिताजी ने मेरे लिये बकरियाँ खरीद दीं। अब मैं बकरियाँ चुगाता हूँ और जब गाँव में काम खुलता है, तो दिहाड़ी करता हूँ।'-जग्गू ने पूरी बात बताई

गबरू काका चाय की केतली और गिलास लिये पहुंच गये थे, दोनों को बातें करते देख पूछा-'बड़ी घुट रही है दोनों में?'

'जग्गू से पूछ रहा था काका कि इसने आगे क्यों नहीं पढ़ा?'-मेजर ने जबाव दिया।

'अरे बेटा, पढ़ता तो तब, जब कोई पढ़ाता। बिना पैसे के आज के युग में कुछ नहीं होता बेटा।'-गबरू काका ने दुःखी होकर कहा-'अब इस जग्गू का ही उदाहरण ले लो। कक्षा एक से आठ तक अव्वल रहा है पूरी स्कूल में। किन्तु सुन्दर सिंह मिडिल की फीस और कापी किताब खरीदने में असमर्थ था, सो पढ़ाई छुड़ा दी।'

सुनकर बड़ा बुरा लगा मेजर को। एक होनहार बच्चा सिर्फ इसलिये आगे नहीं बढ़ पाया, क्योंकि उसके पिता के पास पैसे नहीं थे। बरबस मेजर को अपने बचपन के दिन याद आ गये। मेजर अपने बचपन की यादों में कहीं खो गया था...

सत्तरह

मेजर की मां के पास भी फीस के लिये पैसे नहीं होते थे। उस जमाने में फीस ज्यादा भी नहीं थी। मिडिल क्लास की फीस ज्यादा से ज्यादा दो रुपये। किन्तु तब दो रूपये भी बहुत ज्यादा होते थे। दिन भर काम करने की दिहाड़ी होती थी पचास पैसे। दो रुपये का मतलब चार दिन की दिहाड़ी।

आज एक मजदूर भी सौ से डेढ सौ रुपये तक दिहाड़ी लेता है। किन्तु महगाई उसी अनुपात में...नहीं, नहीं। उसी अनुपात में नहीं बल्कि कई गुना बढ़ गई है। आटा पन्द्रह रुपये किलो और दाल पचास रुपये किलो हो गया है। गरीब आदमी की स्थिति तो आज भी वही है, जो आज से पचास साल पहले गुलामी के दौर में थी।

किन्तु उसकी माँ ने उसे अपनी गरीबी का अहसास कभी नहीं होने दिया। खेती में कड़ी मेहनत करके सोयाबीन, उड़द, गहथ, कोदा, झंगोरा बेचकर एक-एक पैसा जमा किया। भैंस पालकर दूध बेचा। गाँव से रोज दो किमी पौड़ी बाजार जाना और होटल में दूध देकर वापस आना। उफ! कितना संघर्ष किया है माँ ने। खुद भूखे पेट और फटी हुई मैली कुचैली धोती में दिन काट कर मिडिल पास कराया था उसको। मिडिल पास करने के बाद वह

फौज में भर्ती हो गया था।

रंगरूटी करने के बाद पहली ही छुट्टी में माँ ने उसकी 'मंगणी' भी कर दी। यूं तो उसकी शादी की फिलहाल इच्छा नहीं थी, किन्तु माँ की अवस्था और जिद के आगे उसकी एक न चली।

सोचा माँ ने जिन्दगी भर संघर्ष ही किए हैं, अब संघर्ष करने की अवस्था भी नहीं रही। भगवान की कृपा से उसे भी फौज में नौकरी मिल ही गई शादी आज नहीं तो कल, करनी ही पड़ेगी। इसलिये चलो माँ को कुछ आराम तो मिलेगा। उनकी सेवा तो हो पायेगी। इसलिये हामी भर दी। अब सुख के दिन आ गये थे। माँ को सारे कष्टों और संघर्षो का मीठा फल मिलेगा।

लेकिन इंसान जो सोचता है वह होता नहीं है और जो सोच से भी परे होता है, कभी-कभी वह भी हो जाता है। मेजर के साथ भी वही हुआ।

मंगणी के ठीक छः महीने बाद मेजर की शादी भी हो गई और शादी के बाद वह वापस डयूटी पर भी आ गया।

किन्तु ड्यूटी पर आने से पूर्व उसने सावित्री को अपने बीते दिनों की सारी कहानी बता दी थी और उससे शपथ भी ले ली थी कि वह माँ की पूरी सेवा करेगी। सावित्री भी खुशी-खुशी राजी थी।

किन्तु उसका सोचा उसी के पास रह गया। माँ ने उसे सेवा का मौका ही नहीं दिया। कितना अभागा और बदनसीब है वह। जिस माँ ने फाकों पर जीवन काटते हुये उसे इस लायक बनाया, वह उस माँ के लिये कुछ भी न कर सका।

एक-एक कर माँ से जुड़ी यादें और माँ के अन्तिम दिन उसके मस्तिष्क में आते चले गये।

अट्ठारह

बहुत खुश था वह। ड्यूटी पर आये हुए उसे पूरे पन्द्रह दिन हो गये थे। यार दोस्तों ने खूब हंगामा किया था पार्टी लेने के लिये और उसने भी जमकर दावत दी थी साथियों को।

राजस्थान में तैनात था वह उन दिनों बॉर्डर पर। दिन भर तो यार दोस्तों के साथ बातचीत करते या फिर फौज की नियमित ड्यूटी में कट जाता था, किन्तु रात को उसे घर की बहुत याद आती।

सावित्री को वह एक पल भी नहीं भूल पाया था। उसका हँसमुख और सौम्य चेहरा बार-बार उसकी आँखों में घूम जाता था।

शाम को खाना-पीना खाने के बाद जब सभी साथी जवान अपने अपने बिस्तरों में चले जाते, तो वह तकिये के नीचे रखी सावित्री की फोटो चुपचाप निकालता और उसको एकटक निहारने लगता।

उस सहित पूरे दस जवान रहते हैं इस बैरक में। उनमें से सिर्फ दो तीन ही शादी शुदा थे। सब से छुपकर सावित्री की फोटो को निहारना उसका रोज का कार्य था। इतने में भी मन न भरता तो कलम कागज उठाकर चिट्ठी लिखने बैठ जाता।

इन पन्द्रह दिनों में उसने पूरी चार चिट्ठियाँ भेज दी थीं सावित्री को। हर चिट्ठी में प्यार प्रेम की बातों के अतिरिक्त 'मन लगाकर माँ की सेवा करना', 'माँ ने बहुत संघर्ष किया है, उसे किसी तरह का कष्ट न हो' आदि बातें जरूर लिखी होती थी।

हाँ उसी चिट्ठी के अन्दर मां के लिये अलग से चिट्ठी जरूर लिखी होती और यह भी लिखा होता कि इसको पढ़कर माँ को सुना देना।

माँ की याद उसे बराबर आती। अगली बार की छुट्टियों में वह मां को बद्रीकेदार और गंगोत्री जमनोत्री की यात्रा करायेगा। सिल्क की नई सफेद साड़ी माँ के लिये बनाएगा। आंखों की शिकायत होने लगी है उन्हें। पौड़ी जिला अस्पताल में उनकी आखों को टैस्ट करायेगा।

चारपाई पर लेटे-लेटे उसे अनेक ख्याल आ रहे थे। साथी जवान कुछ सो चुके थे, कुछ सोने की तैयारी कर रहे थे। सावित्री को चिट्ठी लिखने की इच्छा फिर बलवती हो गई

वह सोचने लगा, गाँव के लोग क्या सोचेंगे? पन्द्रह दिन में पांच चिट्ठियां? गाँव के लोग तो सोंचे, जो भी सोचेंगे। किन्तु पोस्टमैन चन्डी प्रसाद चाचा जी की तो आफत ही आ जायेगी, हर तीसरे दिन घर में चिट्ठी देने की। बेचारे बुजुर्ग भी बहुत हो गये हैं। यह आखिरी साल है नौकरी का।

सिर झटककर उसने चिट्ठी लिखने का विचार त्यागा, किन्तु दिल नहीं माना और दिल के हाथों मजबूर उसने कागज पैन उठा ली।

'मेरी प्रिय सावित्री...' उसने लिखना शुरू किया ही था कि बैरेक के दरवाजे पर दस्तक हुई वह बैठा हुआ था इसलिये तुरन्त जाकर कुण्डी खोल दी।

सूबेदार मंगत राम को सामने देख दोनों पाँवों को एड़ियों से

उठाकर उसने तुरन्त कहा–'जै राम जी की सर।'

'जै राम जी की।'–सूबेदार मंगत राम ने जवाब दिया–'निराला तुम्हें टू आई सी साहब ने बुलाया है। इसी समय।'

पैरों के नीचे की जमीन खिसक गई निराला की। रात्रि के दस बजे और टू आई सी साहब की पुकार? कहीं कोई गलती तो नहीं हो गई उससे! एक बार थर्रा उठा वह। 'क्यों सर?'–उसने झिझकते हुये सूबेदार मंगतराम से पूछ ही लिया।

'मुझे नहीं मालूम, लेकिन तुरन्त अभी हाजिरी मारो।'–कहकर सूबेदार मंगत राम ठक–ठक–ठक बूट बजाते हुए चल दिया।

सांसे रुक गई उस की। आम तौर से टू आई सी साहब किसी जवान को व्यक्तिगत तौर पर बुलाते नहीं। बुलाते हैं तो तभी, जब किसी से कोई गलती हो गई हो या किसी की शिकायत हो।

उसने झटपट ड्रैस पहनी, टोपी और बैल्ट कसी। बूटों पर ब्रुश मारकर चमकाया। बैरेक से बाहर निकल कर बरामदे में लगे आदमकद आइने में अपनी वेशभूषा का जायजा लिया। फिर आश्वस्त होकर टू आई सी साहब के कार्यालय में पहुंचा।

दरवाजे पर पहुंचते ही दायाँ पाँव उठाकर उसने जोरदार सैल्यूट ठोंका–'ठक।'

'अन्दर आ जाओ निराला।'–टू आई सी साहब बोले।

वह झिझकते हुए, किन्तु सैनिक की कड़क चाल में उनके सामने पहुँचा और फिर दुबारा सैल्यूट मारा 'ठक'।

'निराला!' टू आई सी साहब ने बहुत ही नरम स्वर में कहा–'तुम्हें अभी घर के लिये रवाना होना है। तुम्हारी माँ की तबियत खराब है। तार आया है।' धक रह गया दिल निराला का। उन्होंने तार निराला की ओर बढ़ा दिया। तार लेकर निराला ने उस पर नजर मारी–'मदर सीरियस कम सून।' और नीचे लिखा था–'सावित्री'

निराला की आँखों के आगे अंधेरा छा गया। उसे लगा वह अभी चक्कर खाकर गिर जायेगा। किसी तरह अपने को सम्भाला।

'तुम अभी नाईट ट्रेन से जाने की तैयारी करो, ओ.के.!' टू आई सी ने निर्देश दिया।

'यस सर!'–उसने जबाव दिया और फिर सल्यूट मारकर बाहर निकल गया।

उन्नीस

ट्रेन द्वारा राजस्थान से कोटद्वार तक का लम्बा सफर तय करके मेजर निराला ने पौड़ी की बस ले ली। रास्ते भर अनेक विचार उसके मन में आते-जाते रहे।

यह अचानक क्या हो गया माँ को। अभी पन्द्रह दिन पहले तो उसने मुझे भीगी पलकों के साथ विदा किया था। सावित्री के साथ पौड़ी तक आई थी वह मुझे छोड़ने। ठीक ठाक ही तो थी। दु:ख बीमारी भी तो कुछ नहीं थी उसको। फिर अचानक यह क्या हो गया।

कहीं माँ हमको छोड़कर...नहीं...नहीं...। ऐसा कुविचार मन में लाना भी पाप है। भगवान इतना 'बिरूट' कभी नहीं हो सकता है। बहुत 'खैरी' खाई है माँ ने। अब तो उसके दिन लौटे हैं।

कोटद्वार से पौड़ी का पांच घण्टे का यह सफर उसे पाँच बरस के समान लगा। उसका मन कर रहा था कि पंख लगा कर उड़ जाऊँ माँ के पास। पूरा एक दिन एक रात का सफर तय किया था उसने। आज यह दूसरा दिन है, किन्तु एक पल के लिये भी उसकी आंखें नहीं झपकीं। उसने पलकें मूंद कर सोने की कोशिश भी की, किन्तु नींद मानों कोसों दूर चली गई हों आँखों से।

पौड़ी स्टेशन पर उतरकर सबसे पहले वह धारा रोड़ पर

रामसिंह चाचा की चूड़ियों की दुकान पर गया। अपने ही गाँव के हैं रामसिंह चाचा। रोज सुबह शाम घर आते-जाते हैं। चाचा को नमस्कार करना भी भूल गया था वह।

'मेरी माँ कैसी है चाचा?'-उसने धड़कते दिल से पूछा।

चाचा ने उदास स्वर में कहा-'तू आ गया बेटा, अच्छा किया। भाभी उधर हास्पिटल में भर्ती है।'

'क्या हो गया है उन्हें?' उसने फिर प्रश्न किया।

'छज्जे से गिर गई थी' रामसिंह ने उत्तर दिया।

बिना एक पल गवाँये वह बैग वहीं छोड़कर हास्पिटल की ओर चल पड़ा। लेडीज वार्ड में घुसते ही सावित्री नजर आ गई साथ में गबरू काका, मूसी काकी भी बगल में बैंच पर बैठे थे।

माँ की हालत देखकर उसे रोना आ गया। सावित्री ने बताया-परसों सुबह 'जी' ऊपर के कमरे से नीचे आ रही थी। छज्जे से पांव फिसल गया। सीड़ियों से लुढ़कते हुये चौक में गिर गईं सिर के अन्दर चोट आई है। दो तीन बार उल्टियाँ भी हुई हैं। गांव के लोग ही 'डन्डी' में उठाकर लाये हैं हास्पिटल तक। तब से ही होश नहीं आया। डाक्टर कहते हैं 'कौमा' में चली गई हैं। बाहर ले जाने को कह रहे हैं तुम्हारी ही इंतजारी कर रहे थे हम लोग।

'माँ जी! माँ जी!' मेजर ने माँ के सिर पर हाथ फेर कर पुकारा। किन्तु मां जैसे गहरी नीद में हो। आंखें पूरी तरह खुली, लेकिन स्थिर। शरीर में कुछ भी हलचल नहीं। किन्तु सांसे तेज-तेज चल रही थी। लगता था जैसे अभी पुकार उठेंगी-'नीरू! आ गया तू मेरे पल्टनेर'। किन्तु मां नहीं बोली।

उसने फिर एक बार मां का एक हाथ अपने गाल पर रखा और अपना एक हाथ मां के गाल पर फेरते हुये अपेक्षाकृत कुछ जोर से कहा-'मां जी! मां जी! देखो मैं आ गया, तुम्हारा नीरू पल्टनेर!'

गजब हो गया! सबने देखा और सबके सब चौंक पड़े। तीन दिन से बेहोश पड़ी मां की छत पर टिकी स्थिर आंखों में हरकत हुई उसने पलकें झपकाई और एक भरपूर निगाह निराला पर मारी।

सावित्री सहित वहाँ खड़े सभी लोगों की खुशी का ठिकाना न रहा। नीरू के आते ही चमत्कार हो गया। किन्तु दूसरे ही पल सब सन्न से रह गये।

मां ने पलके मूंदी और उसकी गर्दन एक ओर लुढ़क गईं मानो नीरू के आने तक ही सांसे रुकी थी उसकी।

कलेजा फट गया नीरू का। माँ जी...! एक लम्बी चीत्कार मारते हुये वह निर्जीव पड़ी मां के सीने पर सिर रख कर बिलखने लगा। सावित्री के सब्र का बाँध भी टूट गया और वह भी जोर-जोर से रोने लगी। रोने-बिलखने की आवाज सुनकर इधर उधर से लोग वहां पर इकट्ठे हो गये। माहौल गमगीन हो गया था वहाँ का...

बीस

'कहाँ खो गये बेटा?'-बहुत देर से चाय का गिलास हाथ में थामे गबरू काका ने उसे लगभग झिंझोड़ कर ही पूछा। चौंक गया मेजर।

अतीत के झरोखों से वास्तविकता के धरातल पर आकर गिरा हो जैसे-'धम्म।' आंखे सजल हो गई थीं उसकी।

गबरू काका एवं जग्गू उसे विस्मय से निहार रहे थे। वे भी समझ गये कि मेजर कुछ अतीत के भंवर में फँस गये शायद। इसीलिये तो उसकी आँखों में पानी तैर गया है।

गबरू काका ने उसकी स्थिति भाँपकर आगे कुछ पूछना उचित न समझा। चुपचाप चाय का गिलास पकड़ा दिया उसके हाथ में।

मेजर ने भी चाय ली और 'सुडुक'-'सुडुक' पीने लगा। मां की मृत्यु के अन्तिम दृश्य अभी भी आंखों में तैर रहे थे उसके।

कितना अभागा है कि अन्तिम समय में वह मां का आशीर्वाद भी नहीं ले पाया। सेवा करना तो दूर, वह उनसे आखिरी समय में बतिया भी नहीं पाया था।

मां ने तो उसे पढ़ा-लिखा कर अपने सपने पूरे कर लिये थे, लेकिन वह क्या कर पाया है मां के लिये।

थोड़ा भी तो मौका नहीं दिया मां ने उसे। वरना वह दिल्ली, देहरादून या चण्डीगढ़ ले जाकर माँ का इलाज करवाता। अपनी एक-एक पाई और एक-एक खून की बूँद देकर भी माँ की जान बचा लेता।

माँ के प्रति अपना फर्ज वह कैसे पूरा करे, मां के सपनों को कैसे पूरा करे? वह हमेशा यही सोचता रहता, किन्तु उसे कुछ भी रास्ता न सूझता। आज उसे एक नया रास्ता सुझाई दिया।

माँ ने बड़े कष्ट खाये हैं उसकी पढ़ाई लिखाई की खातिर। बहुत बड़ा कर्जा है यह उस पर माँ का। इस कर्जे से कैसे उऋण होगा वह। इसका रास्ता निकल गया है।

वह गरीब बच्चों को पढ़ायेगा। इससे माँ की आत्मा को शान्ति मिलेगी। जरूर मिलेगी।

'मैं करूगा माँ! तुम्हारे सपनों को पूरा, मैं जरूर करूँगा।'-मेजर बड़बड़ा उठा। उसको बड़बड़ाते देख गबरू काका पूछ बैठे-'क्या कह रहे हो बेटा?'

'काका! मैं पढ़ाऊगाँ जग्गू को। कल से जग्गू स्कूल जायेगा।' मेजर ने गम्भीरता से कहा।

'ईश्वर तेरी मदद करेगा बेटा!' गबरू काका बोले।-'जो दूसरों की मदद करता है। उसकी मदद ईश्वर करता है।'

जग्गू की आँखों में एक चमक उभरी, जिसे मेजर और गबरू काका ने भी साफ साफ देखा। किन्तु दूसरे ही क्षण उसे उदासी ने घेर लिया।

बालसुलभ मन से वह पूछ बैठा-'लेकिन चाचा जी मेरे पास तो कापी किताबें हैं ही नहीं।'

'मैं लेकर दूंगा तुम्हें।'-मेजर ने दृढ़ता से कहा-'सब कुछ लेकर दूँगा। कापी-किताब, ड्रैस, बस्ता, सब कुछ'।

'सच चाचा जी!'-जग्गू की खुशी का ठिकाना न रहा-'मैं

अभी पिताजी को बताकर आता हूँ।'

कुदाल और परात वहीं पटक कर जग्गू ने घर की ओर दौड़ लगा दी। गबरू काका और मेजर ने एक दूसरे की तरफ देखा और फिर खिलखिलाकर हंस दिये दोनों।

इक्कीस

जग्गू आज बहुत खुश था। पूरा एक महीना हो गया था स्कूल खुले हुए और जग्गू आज पहुँचा था पहले दिन स्कूल में।

हेडमास्टर जी ने कक्षा में आते ही सबसे पहले उसका स्वागत किया था। मास्टर जी ने सब बच्चों से उसका परिचय कराते हुए कहा कि यह बच्चा इस स्कूल का सबसे होनहार छात्र है। हमें उम्मीद है कि आगे चल कर यह इस स्कूल का फिर टॉपर बनेगा।

सब बच्चों ने तालियाँ बजाई थी उसके लिये, किन्तु बबलू जलभुन गया था। यूं तो सभी बच्चे उसे पहचानते थे। आठवीं तक तो उन्हीं के साथ पढ़ा था वह। सिर्फ दो-चार ही छात्र थे जो नये आये थे।

जग्गू ने अपने दोस्तों से एक-एक करके सब विषयों में हुई पढ़ाई के बारे में पूछा। प्रत्येक विषय की कापियाँ देखकर काम का अन्दाजा लगाया। उसने अंदाज किया कि पूरे महीने हुई पढ़ाई और होमवर्क को वह एक सप्ताह में पूरा कर लेगा। हाँ, इसके लिये उसे तीन गुना ज्यादा मेहनत करनी पड़ेगी। मेहनत वह कर लेगा, क्योंकि मेहनत से वह डरता नहीं है।

उसने निश्चय किया कि आज से ही वह यह कार्य शुरू कर देगा। तभी तो इन्टरवल के समय वह विज्ञान की किताब लेकर

एक पेड़ के नीचे बैठ गया।

कुछ बच्चे खेल रहे थे और कुछ आपस में गप्पें लड़ा रहे थे, किन्तु उन सबसे बेखबर जग्गू अपने काम में तल्लीन था।

न जाने कहाँ से बबलू आ गया वहाँ। एकदम पास आकर खड़ा हो गया उसके। बोला कुछ नहीं किन्तु एक झटके से जग्गू के हाथ से किताब छीन ली और धूर्ततापूर्वक हँसने लगा।

'किताब दे दो बबलू।'-आग्रहपूर्वक कहा जग्गू ने।

'नहीं दूंगा!'

'दे दे यार, नहीं तो...' फिर आग्रह किया उसने।

'नहीं तो क्या कर लेगा? '-वाक्य पूरा किया बबलू ने।

'चाचा जी से शिकायत करूँगा।'-जग्गू बोला।

'अच्छा! शिकायत करेगा मेरी?'-बबलू और पास आ गया। दोनों हाथ कमर पर रख दिये उसने।

'हाँ!'-जग्गू ने दृढ़ता से फिर दोहराया।

किताब एक ओर फेंककर दोनों हाथों से जग्गू का गला पकड़ लिया बबलू ने।

'साला मेरे, पिताजी की भीख से ही पढ़ने आया है और मुझे ही तड़ी देता है?' गुस्से में बबलू की आँखे लाल हो गईं

तभी शोर सुनकर कुछ छात्र आ गये। बीच बचाव किया और बबलू को अलग कर दिया, किन्तु बबलू था कि अलग ही नहीं हो रहा था। मार देगा जैसे दो-चार घूंसे।

जग्गू हतप्रभ सा खड़ा रहा। दोस्त बबलू को धकियाते हुये दूसरी तरफ ले गये, किन्तु पलट कर बबलू चेतावनी देना भी नहीं भूला-'बेटे, शिकायत करके देखना। फिर देख, क्या हालत करता हूँ तेरी। भिखमंगा कहीं का! कुल्ली कबाड़ी! चला आया है पढ़ने।'

उसके आखिरी शब्द पिघले हुये शीशे की तरह जग्गू के कानों में घुसते चले गये। 'भिखमंगा कहीं का! कुल्ली कबाड़ी! चला

आया है पढ़ने...।'

सचमुच ठीक ही तो कहा है उसने। उसके पिताजी ने ही तो वर्दी, जूता, कापी-किताब और बस्ता सब कुछ खरीद कर दिया है उसे।

जग्गू का मन किया कि अभी घर जाकर सारा कुछ पटक दे मेजर चाचा के आगे। नहीं चाहिये तुम्हारी मेहरबानी। ठीक हूँ मैं कुल्ली कबाड़ी ही।

किन्तु आगे भविष्य की चिन्ता कर फिर सिहर उठा जग्गू। बहुत गुस्सैल हैं चाचा। न जाने क्या हाल कर देंगे बबलू के। बुरी बात तो बर्दास्त करते ही नहीं है वे। जितने शांत और खुशमिजाज, उतने ही खतरनाक भी।

छोड़ो, क्या फायदा शिकायत करने में? बबलू की तो आदत ही है हर किसी से उलझने की। खास कर पढ़ने वाले अच्छे बच्चों को तो वह जरूर तंग करता है।

जग्गू ने देखा बबलू दूर जा चुका है। उसने सिर झटका और अपना कालर ठीक किया। दूर पड़ी किताब को उठाया और फिर से पेड़ के नीचे पढ़ने बैठ गया।

बाईस

घास काटना उत्तराखण्ड की महिला के जीवन की दिनचर्या का एक महत्त्वपूर्ण हिस्सा है।

महिलाएँ दल बनाकर प्रतिदिन प्रातःकाल घास काटने जाया करती हैं। एक दल नहीं, कई दलों में। गाँव की बुजुर्ग महिलायें अपना चार छः का अलग दल बनाती हैं, नई बहुएँ अपना अलग दल बना लेती है।

घर-घर में मवेशी हैं। कृषि यहां का मुख्य व्यवसाय है किन्तु, कृषि के साथ पशुपालन भी अनिवार्य व्यवसाय है। बिना पशुपालन के कृषि कार्य एकदम असम्भव ही होता है।

खेती के लिये खाद की आवश्यकता होती है। यह आवश्यकता जानवरों के गोबर से पूरी होती है। उर्वरकों का प्रयोग अभी तक पहाड़ में नहीं होता।

कृषि और पशुपालन एक दूसरे के पूरक हैं। पशुओं से एक ओर दूध, खेत जुताई और खाद की आवश्यकता पूरी होती है, तो दूसरी ओर खेती में उगा घास, चारा, खरपतवार एवं फसल के बाद बचा हुआ भूसा पशुओं के काम में आता है।

गाँव में सभी प्रकार के परिवार हैं। सम्पन्न, मध्यम और गरीब। किन्तु दुधारू गाय और भैंस प्रत्येक परिवार में होती है। सांय को

दूध का एक बड़ा गिलास परिवार के प्रत्येक सदस्य को मिल ही जाता है।

कुछ विपन्न परिवार पौड़ी के बाजार में भी दूध बेचते हैं। यह उनकी आजीविका का एक प्रमुख साधन भी है।

यूं तो गाँव के इर्द गिर्द अपनी कैसरीन जमीन और जंगल हैं, जहां पर रोज पशु चरने जाते हैं। फिर भी दुधारू पशुओं को घर पर ही रखा जाता है। इनके लिये रोज घास की आवश्यकता होती है।

घास काट कर लाना सिर्फ एक आवश्यकता नहीं है वरन महिलाओं और बहू बेटियों के रोज के मिलने-जुलने का यह एक बहाना भी है।

घरों से निकल कर महिलाएँ एक स्थान पर इकट्ठा होती है। वहां पर कुछ क्षणों के लिये बैठती है। 'पलेन्थरा' पर अपनी दरातियों पर धार लगाती हैं, और फिर लगती है चौपाल। अपने सुख-दुख की बातें, हंसी मजाक, छेड़-छाड़ सब चलता है। इन बैठकों का यह भी लाभ है कि महिलाएँ एक-दूसरे के चौके-चूल्हे, खान-पान, रिश्ते-नातों, पारिवारिक सम्बन्धों और सुख-दुःख से भली भांति परिचित हो जाती हैं।

इन्ही बैठकों में महिलाएँ घर से लाई हुई चीजों का आपस में वितरण करती हैं। जैसे भूजे हुये भट्ट, सोयाबीन, चूड़े, बुखणें, भांग के बीज आदि।

कभी-कभी महिलाएँ घर से ही बड़े-बड़े लिम्बू और नमक लाकर खटाई भी बनाती हैं और चाव से खाती हैं।

कभी आड़ू, खुबानी आदि की फाकें काटकर नमक के साथ खाया जाता है, तो कभी हरी प्याज और मूली का सलाद बनाकर आनन्द लिया जाता है।

कभी-कभी यह बैठकें लम्बी भी हो जाती हैं। एक-एक घण्टे

या उससे भी अधिक देर तक चलती रहती हैं।

आजकल सावित्री इन बैठकों का केन्द्र बिन्दु है। चर्चा है कि इस बार वह अपने पति मेजर निराला के साथ देश जा रही है।

काफी देर हो गई थी आज गप्पें मारते-मारते। सावित्री ने ही उठने की शुरूआत की-'चलो दगड्यों, बहुत देर हो गईं धूप भी तेज हो गईं'

'आजकल तो सावित्री को बहुत ही जल्दी रहती है।' छेड़ा विमला देवी ने...।

'हाँ भई! जंगल में देखना दरांती भी कितनी तेज चलती है।' मीना भुली ने भी बात में तड़का दिया। 'एक घड़ी में घास का गठ्ठर तैयार।'

'तुम लोग बेकार में समय बर्बाद कर रही हो' चिढ़कर बोली सावित्री-'चलती हो तो चलो, नहीं तो मैं चली।'

सब उठ गईं किन्तु चलते-चलते भी बातों का सिलसिला जारी रहा।

'अच्छा बहू! अब की बार तो तेरी तमन्ना पूरी हो गईं कब से लगी थी देश जाने के लिये।' सीता सासु जी बोली।

'सावित्री दीदी! तुम देश जाओगी तो हमें तुम्हारी बहुत याद आयेगी।' मीना बोली।

'देश जाकर तुम हमें भूल तो नहीं जाओगी?' विमला ने पूछा।

'नहीं'-सावित्री ने दृढता से कहा-'मैं देश नहीं जाऊँगी।

'क्यों?'-सबने चौक कर उसे देखा।

'मैंने अपना इरादा बदल दिया।'-सरलता से कहा सावित्री ने।

'रात ही रात क्या पट्टी पढ़ा दी तुम्हें देवर जी ने?'-छेड़ने वाले अंदाज में विमला दीदी बोली।

'मैंने निश्चय किया है कि गाँव में रखकर ही खेती करूंगी'-बोली सावित्री।

'अरे बहू! पहाड़ की औरत का जीवन तो पहाड़ जैसा ही है'-सीता सासु बोली-'जब मौका मिला है तो क्यों चूक रही हो?

'नहीं सासु जी'-समझाया सावित्री ने-'जैसा अपना पहाड़ है, वैसा और कहाँ? शान्त, सुन्दर। किसी का लेना नहीं, किसी का देना नहीं। अपनी खेती करो, कमाओ और खाओ।'

सबकी सब हक्की बक्की।

'बना दिया न इस बार भी जेठ जी ने,-मीना ने सच्चाई बोली।

'कोई शक'-विमला ने अकड़कर मेजर की नकल उतारते हुये कहा।

'छि; भै! मैं कल से नहीं आऊँगी तुम्हारे साथ घास काटने।' उकता कर सावित्री बोली।

'जब गाँव में ही रहेगी, तो आयेगी क्यों नहीं?'-सीता सासू ने छेड़ा। 'क्या घास काटने के लिये नौकर रखकर जायेगा निराला?'

'अच्छा! तुम लोग ऐसे नहीं मानोगी।'-नकली गुस्से में सावित्री ने जमीन पर से कंकड़ उठा लिये और उनको मारने शुरू किये।

तीनों दौड़ कर अलग-अलग दिशाओं में चली गईं...।

तेईस

'दीदी एक बन्ठी पानी मुझे भरने दो न।'-पानी के पोस्ट स्टैण्ड पर खड़ी मीना ने कहा-'मैं चूल्हे में दाल रख कर आई हूँ।'

'कोई बात नहीं, दाल का कुछ नहीं बिगड़ता'-सुनीता बोली-'मैंने तो चूल्हें में दूध चढ़ा रखा है।

'जल्दी तो सबको है। वैसे भी आज पानी कम आ रहा है'-विमला ने भी अपनी गागर कुछ आगे सरकाते हुये कहा।

नल पर पानी कम आ रहा है और बर्तन हैं कि बढ़ते ही जाते हैं।

यूँ तो गाँव के नीचे पानी का प्राकृतिक स्रोत है, लेकिन कौन तीन चार सौ गज की चढ़ाई चढ़कर पानी लाए?

जब से गाँव में सरकारी पाईप लाइन आई है, तब से बहू बेटियाँ धारे नहीं जाती। लेकिन पाइपों के इस पानी का ठिकाना भी नहीं, पूरे चार किलोमीटर दूर 'धनीगाड' गधेरे से आया है यह पानी।

एक जमाना था जब गाँव वाले केवल अपने प्राकृतिक धारे पर ही निर्भर रहते थे। चौबीसों घण्टे खूब भीड़ रहती थी धारे पर।

किन्तु आज गाँव में पानी पहुँच गया तो अब लोगों को धारा दूर लगने लगा।

ये अलग बात है कि धारे के पानी और नल के पानी में बहुत अन्तर है। मिठास में भी और स्वाद में भी।

धारे का पानी ठेठ बांज की जड़ों से निकलता है, ऐसा पूर्वज कहा करते थे। गाँव के ऊपर बांज का घना जंगल है। लेकिन अब घना कहाँ है। पिछले कई वर्षों से धीरे-धीरे यह कम होता जा रहा है। उसी अनुपात में धारे का पानी भी सूखा है।

गजब की एक विशेषता है इस धारे के पानी में। गर्मियों के दिन में यह शीतल हो जाता है। ऐसा जैसे आजकल के फ्रिजों में रखा हुआ पानी। और ठण्डियों में यह गर्म हो जाता है। सुबह-सुबह भाप निकलती सी प्रतीत होती है इस पानी से।

तभी तो गांव के युवा हमेशा ही नहाने के लिये धारे में जाते हैं। नल का पानी इससे बिल्कुल उल्टा होता है। गर्मियों में गर्म, मानों उबाल रखा हो और ठण्डियों में ठण्डा, बर्फ जैसा जमा हुआ सा। इसलिये तो गर्मियों में पीने के लिये एक-एक गागर लोग जरूर धारे से लाते हैं। इसी बहाने वहाँ पर कई युवा 'पन्देर' इकट्ठा होकर गप्प शप भी लड़ाते हैं।

नल में आज पानी कम आ रहा है, शायद टैंक पूरा नहीं भरा होगा। लेकिन फिर भी महिलाएँ लगी हैं अपनी बारी का इंतजार करने...।

'भई सावित्री को तो अब मुक्ति मिल जायेगी पहाड़ों की इस रोज-रोज की घास, लकड़ी और पानी की झिकझिक से।' एक महिला बोली।

'हां भई परदेश में तो खाओ-पियो, अपनी साफ सफाई रखो बस।'-दूसरी महिला बोली।

'लेकिन दीदी मैं नहीं जा रही हूँ परदेश।'-सावित्री ने कहा-'परदेश से कई गुना बढ़िया तो अपना पहाड़ है। बिजली आ गई, पानी आ गया, अस्पताल खुल गये। अब बाकी क्या चाहिये? सरकार भी पूरे

जोर–शोर से विकास कर रही है पहाड़ों का। कुछ समय बाद यहां कोई भी समस्या नहीं रह जायेगी। जो आनन्द यहां की हरी–भरी वादियों में है, वह परदेश में कहाँ? रोज आये दिन लड़ाई झगड़ा, खून खराबा, मार पीट। परदेश में तो कोई किसी से मतलब भी नहीं रखता। बगल में मारकाट मची हो, फिर भी लोग आँख मूंद कर निकल जाते हैं।

अभी हमारे पहाड़ में कितनी भलमनसाहत है, एकता है, लोग एक दूसरे के दुख–सुख में काम आते हैं।'

लम्बा भाषण झाड़ दिया था सावित्री ने। तभी एक महिला ने टोका–'अरी, तेरी बारी आ गई, रामायण ही सुनाती रहेगी या फिर पानी भी भरेगी?'

हड़बड़ाकर सावित्री ने अपनी गागर उठाईं नल के नीचे लगाकर छाली और फिर भरने के लिये लगा दी। किन्तु यह क्या? तभी पानी बन्द! सावित्री ने दायें–बायें देखा। महिलायें मुस्करा रही थी।

'लो! क्या नहीं है पहाड़ में।'–एक महिला ने व्यंग्य किया–'बिजली है, पानी है...।'

'हाँ! सरकार तेजी से विकास कर रही है'। दूसरी ने ताल ठोंकी।

सभी खिलखिलाकर हँस दी। अकेले पड़ गई थी सावित्री। धैर्य से बोली–'इसमें सरकार को क्या कोसना? सरकार ने तो पूरा ही पैसा दिया था स्कीम बनाने के लिये। अब हमारे तुम्हारे बीच कुछ लोग ही अपने स्वार्थ के लिये आम जनता का हक मार रहे हैं, तो सरकार भी क्या करें?' तर्क में दम था सावित्री के, जिसे सुनकर सभी पन्देर चुप्पी साध गये थे।

चौबीस

छुट्टी के छः दिन कब गुजर गये, मेजर को कुछ पता ही नहीं चला। दो दिन गबरू काका के पुस्ते में लग गये। एक-दो दिन अपनी गौशाला की छवांई में लग गये और एक दिन पूरा जिला अस्पताल में गुजर गया, रूकमा दादी और भगतू भाई के पिताजी की आँखों के ऑप्रेशन में। हाँ इन सब कामों के दौरान उसने रोज सुबह हल जरूर लगाया। ज्यादा न सही, एक दो खेत तो रोज ही जोते। सिर्फ अपना ही नहीं, बुद्धी काका के खेत भी इस बार उसी ने जोते।

सावित्री के मायके में कल से पुजाई है। बुला रखा है उन्होंने। तीन बरस पहले वह ससुराल गया था। तब सावित्री के भतीजे का चूड़ाकर्म संस्कार था। तब से आज तक वह ससुराल नहीं जा पाया, न ही सावित्री तब से मायके गई है।

इस बार जरूर जाना है। सुबह छः बजे की गाड़ी पकड़नी है इसलिये सारी तैयारी आज ही करनी पड़ेगी।

मेजर ने चुन-चुन कर अपने, सावित्री के और बबलू के कपड़े अटैची में रखने शुरू किए। चाय का गिलास लेकर सावित्री आ पहुँची।

'क्यों इतना बोझ बढ़ा रहे हो?'-सावित्री ने उसे अटैची पैक करते देख कहा-'मेरी तो दो धोतियाँ ही काफी हैं। सिर्फ दो ही

दिन तो रहना है हमें वहाँ, पुजाई खत्म होते ही चले आयेंगे।'

'भई दो-दिन रहना है चाहे चार दिन, आखिर ससुराल जा रहा हूँ। वह भी पूरे तीन बरस बाद। इसलिये सज-धज कर तो जाना ही पड़ेगा'-मेजर ने तर्क दिया।

'खूब सज-धज लो, सारी हेकड़ी निकल जायेगी जब पूरे पांच मील पैदल चलना पड़ेगा।'-सावित्री ने जैसे चेतावनी दी।

सचमुच में पूरा पांच मील पैदल का रास्ता तय करना पड़ता है पैठाणी से। पौड़ी से पैठाणी तक बस में और वहाँ से खड़ी चढ़ाई, ठेठ पैदल।

'राठ' कहते हैं इस क्षेत्र को और यहां के निवासियों को राठी। अत्यन्त पिछड़ा क्षेत्र है यह। आवश्यक आवश्यकताओं की पूर्ति में अभी भी कमी है। स्वास्थ्य और शिक्षा की सबसे बड़ी समस्या है। पानी तो यहां पर खूब है। प्राकृतिक सम्पदा से लबालब खुशहाल इलाका है यह।

मूलभत सुविधाओं की कमी के बावजूद भी यहाँ के निवासी सन्तुष्ट हैं। किसी चीज की कमी नहीं है। घी-दूध की तो जैसे यहां नदियां बहती हैं। हर घर में एक से अधिक भैंसे और बकरियों की 'ताँद' जरूर हैं। मिर्च-मसाले, आलू, प्याज, टमाटर, मूली आदि सहित सभी फसलें खूब होती हैं यहाँ पर।

पौड़ी, कोटद्वार और रामनगर से व्यापारी स्वयं गांवों में आ जाते हैं। नगदी फसल और सब्जियां उठाने। इसलिये तो पैसे की कमी भी नहीं है यहाँ के लोगों के पास। खर्चे और आवश्यकताए भी बहुत सीमित है। इसलिये बचत काफी हो जाती है।

आधुनिक जीवन की चमक-दमक और सुख सुविधाओं से दूर यहाँ के निवासी कर्मठ और मेहनतकश हैं। भौतिक सुख-साधनों की जैसे उन्हें आवश्यकता ही नहीं है। आज जहाँ हर गांव और हर क्षेत्र पाश्चात्य संस्कृति का अनुकरण कर रहा है, वहीं यहाँ पर

आज भी सही मायनों में उत्तराखण्ड की संस्कृति जीवन्त है। आज घर-घर में टी.वी. संस्कृति ने पैर पसार दिये हैं। लोगों की सोच-विचार, खान पान, रीति रिवाज, रहन-सहन और पहनावे में बहुत अन्तर आ गया है। वहीं यह क्षेत्र आज भी पुरानी परम्पराओं और रीति रिवाजों को संजोए हुए हैं। थड़िया, चौंफला, झुमैलो आज भी यहां के सभी गांवों के चौकों में गाए जाते हैं। अतिथि सत्कार यहाँ की सबसे बड़ी विशेषता है।

बताया जाता है कि 'राठ' शब्द 'राष्ट्र' का अपभ्रंश है। देशभक्त और राष्ट्र प्रेमी हैं यहाँ के लोग। प्राइवेट या सरकारी नौकरी के बजाय अधिकतर लोग सेना में रहकर देश की सेवा कर रहे हैं। पेशावर काण्ड के नायक वीर चन्द्र सिंह गढ़वाली इसी क्षेत्र के निवासी थे, जिन्होंने सारे भारत में उत्तराखण्ड का माथा गर्व से ऊँचा किया है।

ससुराल जाने के लिये एक उत्साह भी था मेजर निराला के अन्दर। एक तो कई बरस बाद जाना और दूसरे पुजाई में शामिल होना, उसको रोमांचित कर रहा था। सारे गाँव के लोग एक साथ मिल जाएँगे पुजाई में। सामान पैक करते-करते काफी समय हो गया तो सावित्री ने टोक ही दिया-'अच्छा अब बन्द भी करो, सुबह जल्दी उठना है, सो जाओ अब।'

मेजर अटैची बन्द करके बिस्तर के अन्दर घुस गया। रेडियो का बटन चलाया मेजर ने तो रोमांटिक फिल्म संगीत चल रहा था।

सावित्री ने स्वर लहरियों के बीच मध्यम स्वर में पूछा-'सुनो जी!'

'कहो जी!'

'मै ठहरी निपट गवांर और अनपढ़। तुम फौज के इतने बड़े अफसर। तुम्हे शरम नहीं आती मेरे साथ चलने में।' धीरे से पूछा सावित्री ने।

'अरे सावि! तुम बहुत भोली हो।'-मेजर ने भी प्यार से कहा-'किसी भी इंसान की शारीरिक सुन्दरता, सेहत और पढ़ाई-लिखाई उसकी सुन्दरता का मापदण्ड नहीं होती। इंसान की असली सुन्दरता उसके गुण और विचार होते हैं।

'तो क्या आपको मेरे विचार अच्छे लगते हैं?'-कुरेदा सावित्री ने।

'बहुत अच्छे!' मेजर ने कहा-'तभी तो मैं तुम्हें प्यार करता हूँ। उतना ही प्यार, जितना कोई अपनी जिन्दगी से करता है।'

शरमा गई थी सावित्री। हल्के से मुस्कराई भी। विजय एवं गर्व की मुस्कान।

'तुम्हें याद है? जब हमारी पहली मुलाकात हुई थी?'-मेजर ने पुरानी बात छेड़ी-'वैशाखी के मेले में कैसे शरमा रही थी तुम मुझे देखकर। बस, तुम्हारी इसी सादगी पर मैं उसी दिन मर मिटा था'।

'छि! तुम बहुत वो हो।'-गुजरे दिनों को यादकर सावित्री के बदन में एक सरसरी सी दौड़ गईं-'उस दिन आपने बहुत बेइज्जती की मेरी।'

सचमुच में सावित्री के साथ पहली मुलाकात मेजर को आज भी रोमांचित कर देती है। जब उसे पता चला कि माँने उसकी 'मंगणी' कर दी, तो अनेक शंकायें उसके दिमाग में रोज उठती। न जाने कैसी होगी उसकी होने वाली पत्नी? जिसके साथ उसे सारी जिन्दगी निभानी है। क्या पता उसका स्वभाव कैसा हो? अच्छा भी हो या नहीं। सावित्री को देखने की उसकी लालसा तीव्र हो उठती। अपने मन मस्तिष्क में उसने सावित्री की एक छवि बना ली थी। एक 'अन्वार' उसके दिल में बस गई थी सावित्री की और जब पहली बार सावित्री को मेले में देखा तो वह बिल्कुल वैसी ही निकली, जैसे उसके दिल में थी।

उस दिन की मुलाकात आज भी मेजर के दिल में एकदम ताजी है। जो समय-समय पर उसे रोमांचित करती रहती है...।

पच्चीस

लैन्सडौन में छः महीने रंगरूटी करने के बाद पहली बार छुट्टी आया था वह। आते ही माँ ने बताया कि तेरी 'मंगणी' हो गई है। लड़की कुछ दिन बाद वैशाखी के 'कौथिग' में पौड़ी आने वाली है।

मेले और कौथिग पहाड़ की पुरानी परम्परा हैं। आज भी पहाड़ में स्थान-स्थान पर वर्ष भर में अनेक 'थौल-मेलों' का आयोजन किया जाता है। किन्तु तब से अब तक 'कौथिग' के नाम से प्रचलित इन मेलों के स्वरूप में बहुत बड़ा अन्तर आ गया है। यूं कहिये कि अब कौथिग और कौथिगेर दोनों का ही अर्थ भी बदल गया है।

तब मंनोरजन के साधन बहुत कम हुआ करते थे। बहुत कम क्या, होते ही नहीं थे। रोजमर्रा की वस्तुओं के लिये बाजार भी बहुत दूर होते थे। इसलिये वर्ष भर की आवश्यकता की वस्तुयें लोग एक बार ही खरीद कर रख लिया करते थे। किन्तु महिलाओं की साज-श्रृंगार की वस्तुएँ और बच्चों के खेल खिलौने तो सिर्फ इन 'खौल मेलों' में ही मिला करते थे।

बच्चे, बूढ़े और जवान सब वर्ष भर मेले का इन्तजार करते और मेला नजदीक आने के कई दिन पूर्व से ही मेले की तैयारी

करने लगते।

दूर दराज से कई-कई मील पैदल चल कर कौथिगेर मेले में पहुँचते। ससुराल रहने वाली बेटी-बहुओं को सबसे ज्यादा इन्तजार होता इन कौथिगों का।

विवाहित बेटियाँ अपने मायके वालों से मिलती और अपनी 'खैरी-बिपदा' और मायके की कुशल क्षेम पूछती। माँ अपनी बेटी के लिये घर से कुछ न कुछ पकवान बनाकर जरूर ले जाती, जैसे उड़द या गहथ की भरी रोटी, 'रोट अर्सा' या फिर दूध में बना हलुआ।

दूसरी तरफ नवयुवक अपनी होने वाले पत्नी की झलक इन कौथिगों में ही देख पाते। बात करने की हिम्मत हो पाई तो बात करते और 'समौण' के रूप में उन्हें कुछ खरीद कर देते। यह समौण अंगूठी, रूमाल या माला कुछ भी होता।

बच्चे अपने दोस्तों के साथ खूब मस्ती लेते। हाथी, बिल्ली, कुत्ता आदि रबर या मिट्टी के बने खिलौने, बाजे और बाँसुरी आदि खरीदते। झूला झूलते और गरमा गरम जलेबी खाते।

जलेबी मेलों में बिकने वाला एक प्रमुख मिष्ठान्न होता। कौथिग गए और जलेबी न खाई तो समझो कुछ नहीं खाया।

बुजुर्ग मेले में अपने दूर दराज के नातेदार रिश्तेदार और सम्बन्धियों से मिलते। गाय, भैंस, बैल के खरीदने-बेचने की 'शैदा' लगाते एक दूसरे के गाँव आने जाने का दिन बार तय करते।

यूँ तो पूरे बरस में कई कौथिग आयोजित होते हैं किन्तु वैशाखी का कौथिग सबसे खास होता। लोग फसल की कटाई से निपट जाते हैं और खेती-पाती का कार्य भी कुछ हल्का हो जाता है। साथ ही मौसम भी खुशगवार रहता है इन दिनों।

सावित्री भी अपनी सहेलियों के साथ आई थी इस कौथिग में

और नीरू भी पहुंचा था अपने दोस्तों के साथ। माँ तो सावित्री के माँ पिताजी से मिली और दूर किनारे बैठकर बातें करने लगी। सावित्री की माँ ने उंगली से दूर खड़ी सावित्री की ओर इशारा करके झलक दिखलाईं

भीड़भाड़ में नीरू और उसके दोस्त सावित्री और उसकी सहेलियों का पीछा करते हुये एक स्टाल के करीब पहुँचे, जहाँ वे चूड़ी बिन्दी आदि का मोल भाव कर रही थी।

उनको दूर से आता देख सहेलियां ने सुगबुगाहट की।

'ए सावि! वो देख तेरा पल्टनेर' इधर ही आ रहा है शायद।'-एक सहेली बोली।

'चरखी के पास खड़ा है, तेरे लिये टिकट ले रहा होगा।'-दूसरी सहेली ने छेड़ा।

'तुम लोग बहुत बदतमीज हो, उधर क्यों देख रही हो।'-सावित्री ने टोका-'चुपचाप अपना सामान खरीदो और मुझे चूड़ी पहनने दो।'

दूसरी ओर निराला के दोस्त भी उसे छेड़ रहे थे।

'यार, इस नीरू को अकेले छोड़ दो। जरा भाभी जी से मुलाकात करेगा।'-एक दोस्त बोला।

'जा भाई नीरू।'-चूड़ी की दुकान पर भाभी तेरा इन्तजार कर रही है।' दूसरे ने कहा।

'तुम भी चलो यार। मुझे शर्म लगती है।'-बोला नीरू।

'अरे मर्द होकर शर्माता है?' एक दोस्त ने व्यंग्य किया-'जा तू भी चूड़ी पहनले भाभी के साथ ही।'

सब खिलखिला हँसे और धीरे-धीरे स्टाल के नजदीक पहुँच गये।

सावित्री चूड़ी पहनने में व्यस्त थी। सहेलियों ने लड़कों को देखा, तो खिसक लीं एक ओर। नीरू की नजर सावित्री पर टिकी,

तो टिकी ही रह गईं उसको व्यस्त देख कर लड़के भी हो लिए लड़कियों के पीछे।

चूड़ी पहन कर सावित्री ने दाँयें-बांये देखा तो धक्क रह गईं सहेलियां सब गायब। पीछे पलट कर देखा तो नीरू खड़ा दिखाई दिया। घबराहट में दिल मानो गले तक उछल कर आ गया।

हड़बड़ाकर उठी और एक ओर जाने लगी, किन्तु सामने निराला रास्ता रोक कर खड़ा हो गया।

'ए भुली, चूड़ी के पैसे कौन देगा?'-चूड़ी वाले ने उसको जाते देखा, तो टोकते हुये कहा। नीरू ने झट से जेब में हाथ डालकर पाँच रुपये का नोट चूड़ी वाले को पकड़ा दिया।-'ये लो।'

सावित्री आगे बढ़ गई और निराला उसके पीछे। चूड़ी वाला पीछे से आवाज देता रह गया-'ओ भाई साहब, बाकी के पैसे तो ले जाओ।'

लेकिन किसे चिन्ता थी बाकी के पैसों की। सावित्री सहेलियों की तलाश में इधर-उधर नजर दौड़ा रही थी कि निराला फिर सामने पड़ गया।

'मैंने अपने दोस्तों को टाल दिया'-हिम्मत करके पूछा निराला ने-'तुमने भी अपनी सहेलियों को...?'

'नहीं'-बड़ी मुश्किल से बोली सावित्री नजरें झुकाये हुए-'वे तो अपने आप न जाने कब मुझे छोड़कर चली गईं

'अच्छा हुआ।'-नीरू ने पहले से हाथ में रखा हुआ जलेबी का पैकेट आगे करते हुए पूछा-'जलेबी खायेगी?'

'नहीं, मुझे जाने दो!'

'नहीं जाने दूँगा!'

'क्यों?'

'पहले जलेबी खाओ!'

'लोग देख रहे हैं, शर्म नहीं आती आपको?'-लजाते हुये

सावित्री ने कहा।

'शर्म किस बात की। मंगणी हुई है तुम्हारे साथ, कोई ऐसे ही थोड़े खिला रहा हूँ।'-नीरू ने बात काटी और साथ ही जलेबी की एक छल्ली निकाल कर जबरदस्ती उसके मुँह में ठूँस दी।

लजा गई थी सावित्री। उसे नीरू से ऐसे अप्रत्याशित व्यवहार की उम्मीद नहीं थी। अब जब जलेबी मुँह में आ ही गई, तो खा लेने में हर्ज भी क्या है। वह जलेबी में दाँत गाढ़ती उससे पहले उसका मुंह खुला ही रह गया।

एक ओर से अचानक सहेलियाँ वहाँ पर पहुँच गई थी। गरम गरम जलेबी का छल्ला मुँह से छूटकर जमीन पर गिर गया।

'अच्छा तो ये रही। कहाँ कहाँ ढूँढ रहे थे हम।'-एक सहेली बोली।

'और ये है कि अकेले-अकेले जलेबी का मजा ले रही है'-दूसरी सहेली ने कहा।

तभी दूसरी तरफ से दोस्त भी चले आए।

'अरे भाई, हमें भी तो जलेबी खिलाओ। हमने क्या बिगाड़ा तुम्हारा?' एक दोस्त बोला।

सारे लड़के-लड़कियाँ खिलखिलाकर हँस दिये। दूसरी ओर नीरू और सावित्री निरूत्तर। दोनो शर्म से पानी-पानी हो रहे थे।

छब्बीस

सावित्री न जाने कब की सो गई थी और मेजर यादों में खोया हुआ सावित्री की ओर निहार रहा था। सचमुच बहुत सुशील और धैर्यवान है सावित्री। जैसा उसने चाहा था बिल्कुल वैसा ही। पन्द्रह साल हो गये हैं तब से आज तक, लेकिन एक दिन भी सावित्री ने शिकायत का मौका नहीं दिया।

काश! आज माँ जिन्दा होती तो क्या कमी थी। सब कुछ होने के बाद भी उसे माँ के न रहने का मलाल बार-बार कचोटता रहता था। मां को याद कर उसकी आँखे भर आईं

उसके भविष्य की चिन्ता में माँ ने अपना वर्तमान कभी नहीं जिया। कब बेटा स्कूल जाने लायक होगा? वह स्कूल पहुंचा तो कब मिडिल पास होगा? फिर मिडिल पास किया तो कब नौकरी लगेगी? नौकरी लगी तो कब बहू लाऊंगी। वह आगे बढ़ता रहा और माँ उससे भी आगे दौड़ती रही। लेकिन बहू आने के बाद मां आगे नहीं दौड़ पाईं सारे सपने वहीं पर छोड़ गईं

हम इंसान अपना वर्तमान कभी नहीं जीते। छोटे रहते हैं तो बड़ों को देखकर उनके जैसा बनने की कल्पना करते हैं। बड़े होते हैं तो आगे बढ़ने की कल्पना करते हैं। हम हमेशा आगे ही देखते हैं। जो सामने है, उसे कभी नहीं जीते और जब जीवन के अन्तिम

पड़ाव में होते हैं, तो फिर मुड़कर पीछे देखते हैं। अपने बचपन और जवानी को याद करते हैं। यानि आगे और पीछे देखने में ही हमारा वर्तमान समाप्त हो जाता है।

विचारों की भटकन में कहाँ से कहाँ पहुँच गया मेजर। नींद न जाने कहाँ गुम हो गयी। सोचों के इन्द्रजाल से छूटने के मकसद से रेडियो का स्विच ऑन किया उसने।

'यह आल इण्डिया रेडियो है। अब आप युद्ध के बुलेटिन सुनिए।' रेडियो खुलते ही उद्घोषणा हुई

'आज युद्ध के चौबीसवें दिन घमासान लड़ाई में भारत के कई जवान हताहत हो गये। दुश्मन ने भारत के कई टैंक ध्वस्त कर दिये, दोनों ओर से लगातार बम बारी जारी है।'

खिन्न हो गया मेजर। कल ही वापस चला जायेगा वह। छुट्टियाँ कैंसिल कर देगा। इस समय उसे मोर्चे पर होना चाहिये।

फिर दिल ने आवाज दी–सावित्री के गाँव जाना जरूरी है। बेचारी तीन बरस बाद जा रही है। सारी तैयारी कर दी है। अचानक कैंसिल करने पर वह क्या सोचेगी। उसने बगल में लेटी हुई सावित्री पर एक निगाह डाली।

बेखबर! गहरी नींद में सोई हुई उसे मेजर के दिल में चल रहे अंतर्द्वन्द्व का क्या पता?

हाँ ससुराल तो जाना ही पड़ेगा। लेकिन पुजाई समाप्त होने के तुरन्त बाद वापस आना पड़ेगा और दूसरे दिन ही तैयारी करनी पड़ेगी जाने की।

वैसे भी अब केवल चार पाँच दिन ही शेष रह गई हैं छूट्टियाँ उसकी। इन पूरे दिनों में ऐसा कभी नहीं हुआ कि वह युद्ध की गतिविधियों से बेखबर रहा हो। हर दिन वह रेडियो पर युद्ध के समाचार जरूर सुनता। युद्ध एक समानान्तर गति से तब से लगातार चलता आ रहा है।

इस दौरान दोनों ओर के अनेक जवान एवं अधिकारी देश पर शहीद हो चुके हैं।

देश पर शहीद हुये जवानों का सरकार ने पूरा सम्मान किया। जवानों का पार्थिक शरीर बाकायदा युद्ध क्षेत्र से विमान द्वारा गढ़वाल राइफल्स रेजीमेंटल सेन्टर लैन्सडौन पहुँचाया गया और फिर वहाँ से सेना के जिम्मेदार अधिकारी के साथ कुछ जवानों को भेजकर सेना की ही गाड़ी में जवान के पैतृक गाँव ले जाया गया। जहाँ अन्तिम दर्शनों के बाद पूरे सैनिक सम्मान के साथ शहीद की अंत्येष्टि की व्यवस्था की गईं शहीद के जीवन–परिचय सहित उसकी बहादुरी के किस्सों से हर दिन का अखबार भरा होता।

सरकार की इस कार्यवाही से आम जनता में शहीद, सेना और जवान के प्रति बड़ा सम्मान जाग गया है, वरना पहले सेना और जवान के प्रति ऐसी भावना नहीं थी।

शहीद की अंत्येष्टि में न सिर्फ सैनिक ही, बल्कि जिले के आला अधिकारी, दूर दराज गाँव के लोग, जनप्रतिनिधि और सरकार के प्रतिनिधि के रूप में बड़े नेता भी पुष्पांजली अर्पित करते।

यहीं नहीं सरकार ने शहीद के परिवार को हर सम्भव आर्थिक सहायता देने का वचन भी दिया है। शहीद के परिवार को पैट्रोल पम्प, गैस ऐजेन्सी सहित अनेक प्रकार के उपक्रम देने की पहल सरकार ने की है।

युवाओं में तो देशभक्ति के प्रति इतना जज्बा बढ़ा कि फौज में भर्ती होने के लिए हर युवा लालायित हो रहा है।

मेजर ने आँखे मूंद लीं, अब वह सो जाना चाहता था। किन्तु नींद आँखों से दूर थी। उसने एक नजर सावित्री के बगल में सो रहे बबलू पर डाली, अच्छी हैंडसम बॉडी है। एकदम सेना में भर्ती

होने लायक। हाँ, अवश्य उसे कमीशन दिलाकर सेना का ऑफिसर ही बनाऊँगा। किन्तु इसके लिये उसे अभी से मेहनत करनी पड़ेगी, साथ ही अभी से उसे सही राह पर डालना भी पड़ेगा।

किन्तु सावित्री तो कह रही थी कि बबलू बिगड़ गया है। फिर ऐसे कैसे काम चलेगा, आखिर उसने भी कई सपने सजाये हैं अपने बेटे की खातिर।

सोचते-सोचते मेजर को न जाने कब नींद आ गयी।

सत्ताईस

गजब का उत्साह था लोगों में। बड़े-बूढ़े और जवान, स्त्री और पुरुष सब नये-नये कपड़े पहने हुये थे।

गाँव के पंचायती चौक में 'मण्डाण' लगा था। ढोल और दमाऊं की ध्वनि गमक वातावरण में हर्ष पैदा कर रही थी।

ढोली मधुर कंठ से गायन शैली में देवताओं का आह्वान कर रहा था, साथ में दमाऊँ वाला उसके स्वर में स्वर मिला रहा था।

देवताओं के 'पश्वा' जमीन में शुद्ध आसन में चौकी के ऊपर बैठे हुये थे।

पण्डित जी उनके ठीक आगे दीप धूप के साथ घण्टी बजाकर मंत्र पढ़े जा रहे थे। लोग पुष्प लिये हुये हाथ जोड़ कर खड़े थे, जबकि महिलाएँ हाथों में 'थालीतांमी' थामे देवता के अवतरित होने की प्रतीक्षा कर रही थीं।

मेजर और सावित्री भी कल सायं पहुँच चुके थे और नहा धोकर सुबह सबेरे ही पंचायती चौक में पहुँच चुके थे।

ढोल की थाप के साथ ही गाँव के नवयुवक रंणसिंग, भंकोरे, घण्टी आदि बजाकर देवताओं का आह्वान कर रहे थे।

कितनी पुरानी संस्कृति है हमारी। सोच रहा था मेजर। कितनी श्रद्धा और आस्था है लोगों में देवी देवताओं के प्रति। इसीलिये तो

प्रत्येक वर्ष गाँव के लोग सामूहिक रूप से देव पूजन करते हैं। इसका फल भी उन्हें मिलता है। गाँव में सुख है, समृद्धि है, सब प्रकार से अमन चैन और हरियाली है। लोग खुश हैं।

नागराजा, नरसिंह, भैरों, हीत और भगवती माता गाँव के देवी-देवता हैं। सबका यहाँ पर आह्वान किया जाता है। देवी-देवता अपने 'पश्वाओं' पर अवतरित होते हैं और नाच कूद कर अपने भक्तों को आशीर्वाद देते हैं।

मनुष्य के अन्दर आस्था और श्रद्धा के भाव होना बहुत जरूरी है। श्रद्धा हमें आत्म-बल और प्रेरणा प्रदान करती है। श्रद्धा ही हमें उत्कृष्ट कार्य करने के लिये प्रेरित करती है।

आस्था हमें संस्कारित करती है। आस्था के कारण हम अच्छा करने की प्रेरणा पाते हैं और बुरा कार्य करने से डरते हैं। आस्था ही हमारी संस्कृति का मूल है, जो पीढ़ी दर पीढ़ी आगे बढ़ती रहती है।

हमारे पहाड़ में हर मनुष्य के अन्दर श्रद्धा और आस्था कूट-कूट कर भरी पड़ी है। इसीलिए इसे देवभूमि भी कहा जाता है। यहाँ के लोग अभी तक हर बुराई और अपराध से दूर हैं। सचमुच देव तुल्य हैं यहां के लोग भी।

करोड़ों हिन्दुओं की आस्था के प्रतीक श्री बद्रीनाथ, श्री केदारनाथ, माँ गंगोत्री और माँ यमनोत्री इसी भूमि में हैं। महान है यह भूमि। तभी तो आज विश्व भर के लोग शान्ति की खोज में यहाँ पर आते है। हमारे ऋषि मुनियों की तपस्थली भी रही है यह तपोभूमि।

हजारों वर्षो पूर्व से हिमालय की कन्दराओं में तपस्या और साधना करके विश्व और मानव-कल्याण के लिये ऋषियों ने अपना जीवन अर्पित किया है। इतिहास की पुस्तकें इन सब किस्सों से भरी पड़ी हैं।

पूरा वातावरण 'धुपांणे' की सुगंध बिखेरता खुशबूदार हो रहा था। 'पश्वा' पुरुषों के शरीर में धीरे-धीरे कम्पन होने लगा है। इसी के साथ ढोल दमाऊँ की ताल में भी तीव्रता आ गई है और ढोली की लय भी ऊँची हो गईं

लोगों ने मस्तक झुकाकर देवताओं को श्रद्धा से नमन किया। इसके पश्चात एक-एककर सभी देवता अवतरित होकर एक विशेष ताल में नाचने लगे। प्रत्येक 'पश्वा' के पास एक-एक चावल भरी थाली दी गईं मुट्ठी से चावल दूर-दूर तक खड़े श्रद्धालुओं पर बिखेर कर देवताओं ने अपने भक्तों को आशीर्वाद दिया।

मेजर ने भी श्रद्धापूर्वक देवताओं का स्मरण करते हुये सिर झुकाया। उसने सुना है कि देवताओं के अन्दर बड़ी शक्ति हुआ करती है। किन्तु कलयुग में धीरे-धीरे देवताओं की शक्ति भी क्षीण होने लगी है। उनके गाँव के हीत का 'पश्वा' हाथ में चावल लेकर देखते ही देखते हरियाली जमा दिया करते थे।

बहरहाल सच्चाई जो भी हो, लेकिन यह परम्परा सदियों से चली आ रही है। लोग प्रत्येक वर्ष अपने परिवार, गाँव और गांववासियों की सुःख समृद्धि के लिये देव पूजा का आयोजन करते हैं। इस पूजा में दूर दराज के गाँवों से भी लोग शामिल होते हैं। साथ ही गाँव के प्रवासी भी जरूर इस अवसर पर गाँव आते हैं।

देवताओं के नाचने का क्रम कम से कम एक घंटे तक जारी रहा। इसके बाद देवता शान्त हो गये तो गाँव के नवयुवक और वृद्ध गोल घेरा बनाकर नाचने लगे। मेजर को भी लोगों ने खींच कर नृत्य में शामिल किया।

एक घण्टे तक नृत्य के पश्चात मंडाण का समापन हो गया। समापन के पश्चात लोगों ने मेजर को चारों ओर से घेर लिया।

'कैसे हो मेजर?'

'कब आये?'

'कितने दिन रहोगे?'

'बहुत साल-बाद आये?'

आदि-आदि कई सवाल लोगों ने किये। मेजर ने भी लोगों से खूब खुल कर मुलाकात की।

सावित्री ने भी अपने मायके में सबसे कुशल क्षेम पूछी। कई वर्षो बाद मायके में आने के बाद सावित्री नई बहुओं को नहीं पहचान पा रही थी। साथ ही तेजी से बढ़ते बच्चों को भी वह पहचानने की कोशिश कर रही थी।

इस पुजाई के बहाने मेजर तीन साल बाद ससुराल आये। ससुराल में हालांकि एक ही रात उन्होंने गुजारी, किन्तु 'जेठू' जी और उनकी पत्नी ने उनकी खूब आवभगत की।

सास और ससुर तो अब रहे नहीं। बहुत प्यार करते थे वे उसे, ठीक अपने बेटे की तरह। उनकी स्मृतियाँ आज भी मेजर के जेहन में बसी हुई हैं।

सावित्री के भाई-भाभी ने बहुत जिद की उन्हें रोकने की। किन्तु मेजर ने क्षमा माँग ली और सुबह लौटने की पूरी तैयारी कर ली।

अट्ठाईस

'भई बहुत ज्यादा पैदल है, न जाने कैसे चढ़ते उतरते होंगे लोग रोज-रोज' मेजर ने एक गहरी साँस लेते हुये बैग कन्धे से उतार लिया।

'आदत पड़ गयी है अब तो।' सावित्री ने कहा, 'फिर चलेंगे नहीं तो करेंगे क्या?'

'हाँ भई! बहुत कठिन जीवन है पहाड़ का' कहते हुये मेजर निढाल होकर चीड़ के एक वृक्ष की छाँव में बैठ गया। सावित्री भी बगल में ही बैठ गईं सिर पर रखे 'कल्योऊ' की कन्डी उसने जमीन पर रख दी।

कन्डी खोल कर उसने दो 'रोट' और 'दो अरसे' निकाले। एक रोट एवं अरसा मेजर की ओर बढ़ाया और एक खुद में तथा बबलू में आधा-आधा बाँट लिया। 'अरसा' मेजर को बहुत प्यारा है। 'रोट-अरसा' पहाड़ के कल्योऊ की परम्परा में उत्तम कल्योऊ समझा जाता है। कारण कि यह काफी दिन तक चल जाता है।

बेटियाँ जब मायके आती हैं, तो ससुराल जाते वक्त उन्हें मायके वालों द्वारा कल्योऊ के रूप में रोट और अरसे की 'कन्डी' और 'दोण' दिया जाता है। दोण आटा दाल चावल का होता है। ससुराल वालों द्वारा सबसे पहले बहू द्वारा लाया गया कल्योऊ गाँव

में बाँटा जाता है, जिससे पता चल जाता है कि फलाँ की बहू अपने मायके से आ गई है।

कल्योऊ खाते-खाते सावित्री ने कहा 'वहाँ गाँव में सब लोग तुम्हारी बहुत तारीफ कर रहे थे।'

'तो तुम्हें जलन हो गई, क्यों?' तुरन्त पलट कर मेजर ने जबाब दिया।

'मुझे भला क्यों जलन होने लगी?' मैं तो यह कह रही थी कि जब गये ही थे तो एकाध दिन और रह जाते।'

'हाँ यह तो था, किन्तु लौटना भी जरूरी था।' मेजर ने समझाते हुये कहा। 'छुट्टियाँ भी अब कम ही रह गई और फिर गाँव में काम भी तो बहुत पड़ा है अभी।'

'तुम्हें क्यों चौबीसों घण्टे काम की रट लगी रहती है? क्यों बदन तुड़वाते हो अपना, क्या मिलता है तुम्हें इससे?'-सावित्री ने पूछ लिया।

'आत्मिक शान्ति!' मेजर ने दृढ़ता से कहा--'सच पूछो तो मुझे बहुत मानसिक और आत्मिक शान्ति मिलती है गाँव वालों की मदद करके।'

'लेकिन लोग इसका अहसान थोड़े ही मानते हैं'-सावित्री ने भी शिकायत की।

'न मानें, मुझे अहसान की क्या जरूरत पड़ी है।' मेजर ने कहा।

तर्क-वितर्क के साथ बातों का सिलसिला चलता रहा। न जाने कब पैठाणी पहुँच गये थे वे लोग। पैठाणी पुल पार करते ही सीधे मिल गई थी उन्हें पौड़ी की बस, और फिर पौड़ी से घर भी पहुँच गए।

बबलू काफी थक गया था, किन्तु आते ही दोस्तों के साथ खेलने भाग गया। सावित्री ने दरवाजे का ताला खोला। सामान

अन्दर रखा। तभी पोस्टमैन आ गया। सावित्री का दिल धड़क उठा।

'मेजर साहब! आपका टेलीग्राम आ रखा है कल से।'–आते ही पोस्टमैन बोला।

मेजर ने पोस्टमैन के रजिस्टर पर दस्तखत कर टेलीग्राम ले लिया। खोलकर पढ़ता इससे पहले ही सावित्री पूछ बैठी–'किसका है?'

'आर्मी हेडक्वार्टर से है।' मेजर ने तार खोलते हुये कहा।

'क्या लिखा है?' फिर प्रश्न दागा सावित्री ने।

'मुझे बुलाया है। छुट्टियाँ कैंसिल।' मेजर ने मुस्कराते हुये जबाव दिया।

सन्न रह गई सावित्री।

मानो कई बम एक साथ गिर गये हों। कुछ बोल नहीं पाई, किन्तु उसके चेहरे पर चिन्ता की रेखाएँ उभर आई, जिन्हें साफ–साफ पढ लिया था मेजर ने।

'अरे तुम्हें क्या हो गया?' मेजर ने उसे आश्चर्य से देखते हुए कहा–'मुझे मालूम था कि जरूर छुट्टियाँ कैंसिल होंगी। मेरी भी इच्छा यही तो थी।'

कुछ नहीं बोली सावित्री। बस मायूस होकर टुकुर-टुकर देखती रही मेजर की ओर।

मुस्करा दिया मेजर। कितना कोमल ह्दय होता है नारी का। थोड़ी सी बात में ही गमगीन हो जाती है। कितना सरल और निःश्छल बनाया है ईश्वर ने नारी को। छुट्टियाँ कैसिंल होने की खबर से ही वह दुःखी हो गईं अनेक आशंकाओं से घिर गई थी वह। अनेक विचार उसके दिलों दिमाग को झकझोरने लगे।

युद्ध अभी खत्म नहीं हुआ है और इधर पन्द्रह दिन की छुट्टियाँ खत्म होने से पूर्व ही बुलावा आ गया। इस का मतलब...। मतलब यह कि ज्यादा तेज हो गई है लड़ाई

जंग से उसे बहुत डर लगता है। आखिर जंग है भी तो गलत चीज। दोनों ओर से इंसान ही तो लड़ते हैं। जीतने वाला भी इंसान और हारने वाला भी इंसान ही होता है। जो घायल भी होता है, वह भी तो इंसान ही होता है। हताहत होती है तो सिर्फ मानवता। आखिर क्या है यह सब।

विचारों के अन्तर्द्वन्द्व में ही सावित्री ने खाना बना दिया। मेजर ने इस दौरान अपना बक्सा और बैग भी पैक कर दिया।

सावित्री ने खाना भी उन्हें लगभग गुमसुम रह कर ही खिलाया। खाना खिलाते-खिलाते वह बारबार कनखियों से मेजर को देखती रही और मेजर लगातार मुस्कुराता रहा।

बबलू इन सब बातों से बेखबर खाने पर जुटा रहा। खाना खाने के बाद वह तुरन्त ही बिस्तर पर दो चार हो गया और लेटते ही गहरी नींद में खर्राटे लेने लगा।

मेजर को न जाने क्यों आज सावित्री पर बहुत प्यार आ रहा था। उसका गुमसुम चेहरा और झुकी निगाहें आज मेजर को कुछ ज्यादा ही अच्छी लग रही थीं।

सोने से पूर्व बामुश्किल बात कर पाई थी वह मेजर से।

पूछा-'अगली छुट्टी कब आओगे?'

'जब तुम बुलाओगी।' मेजर ने कहा।

'ठीक है। जंग समाप्त होने के फौरन बाद आ जाना।'-सावित्री बोली।

'जरूर आऊँगा! तुम बबलू का ध्यान रखना।'-मेजर ने कहा।

'अब सो भी जाओ! कल जल्दी उठना है।' सावित्री ने उसे लिहाफ ओढाया और फिर खुद भी बगल में लेट गई

उन्नतीस

दो दिन की यात्रा के पश्चात मेजर पहुँच गया बेस कैम्प में। दोस्तों ने उसे जम्मू में ही रिसीव कर लिया था। हर दिन गाड़ी आती है बेस कैम्प से जम्मू। कोई न कोई जवान आता-जाता रहता है।

मेजर खुश था और उत्साहित भी। जो काम पिछली बार छूट गया था, वह इस बार पूरा होगा। देश पर मर मिटने का जज्बा था उसके अन्दर कूट-कूट कर भरा था और युद्ध में वह अपने इस जज्बे को खुलकर प्रदर्शित भी करना चाहता था।

किन्तु यह क्या? बेस कैम्प में पहुँचते ही पता चला कि कल ही युद्ध विराम हो गया। दुश्मन ने अपनी सेना वापस बुला ली थी और हाथ खड़े कर दिए थे।

भारत ने अपनी पूरी सीमा पर कब्जा कर लिया। चाहता तो दुश्मन को और पीछे खदेड़ कर कई सौ किलोमीटर उसकी सीमा में घुस जाता, परन्तु यह हमारी उदारता है कि हम दूसरे की धन दौलत और जमीन-जायदाद पर नजर नहीं रखते। किन्तु हमारे ऊपर जो बुरी नजर रखता है, उसे हम छोड़ते भी नहीं।

भारतीय जवानों ने बहुत जौहर दिखाया। देश की सीमाओं की रक्षा करते हुये कई जवान शहीद हुए इस युद्ध में और कई हताहत भी हो गए, जबकि इससे कई गुना ज्यादा क्षति दुश्मन की सेना को

भी उठानी पड़ी है। आखिरकार जंग फतह कर ली गईं

'मेजर तुम्हारे पहुँचने से पूर्व ही जंग समाप्त हो गया।' एक आफिसर ने कहा, मेज़र के पहुँचते ही।

'ओह! मुझे कष्ट हुआ।'-मेजर ने अपनी पीड़ा व्यक्त की।

'क्या मतलब?' आश्चर्य से पूछा आफिसर ने।

'यानि कि तुम्हें जंग समाप्त होने से कष्ट हुआ है?'

'नहीं..नहीं!' मेजर ने बात सुधारी-'मेरा मतलब है कि मुझे चांस नहीं मिल पाया।'

'छोड़ो यार, अब ये रोना, अच्छा ये बताओ कि छुट्टियाँ कैसे रही?'-एक दूसरे आफिसर ने पूछा।

'कहाँ रही यार! बस दिन-रात युद्ध के सपने ही आते रहे।' मेजर बोला-'काश! मैं भी होता पूरे युद्ध में, रियली यू आर वेरी लकी।'

'डॉन्ट माइंड मेजर!' बात का विषय बदल कर पहला आफिसर बोला-'ये बताओ कि घर से क्या लाये हो खाने पीने के लिये?'

'खाने के लिये रोट अर्सा और पीने के लिये गंगाजल।' मेजर ने कहा।

'क्या बात है यार!'-सब आफिसर एक साथ बोले-'तो फिर शुभ काम में देरी क्यों?'

'एक और चीज लाया हूँ। देखने के लिये है'-मेजर ने फिर कहा।

'क्या?' सभी आफिसर उत्साहित होकर बोले।

'ऐसी चीज लाया हूँ कि न तो अब तक देखी होगी, और न मौका मिलेगा इतना सब देखने का?'-मेजर ने पहेली बुझाते हुये कहा।

'क्या है यार, बताओ तो सही?'-एक आफिसर ने व्यग्र होकर कहा।

'उत्तरांखण्ड के प्रसिद्ध तीर्थ स्थलों, पर्यटन स्थलों और धार्मिक

स्थलों सहित पाँचों धामों की स्लाइड लाया हूं।'-मेजर ने बताया।

'वाह, क्या बात है।' खुश होकर एक आफिसर बोला-'फिर तो हो जाये आज ही शाम को स्लाइड शो।'

मेजर ने घर से लाया हुआ रोट अर्सा साथियों में बाँटा, सबने प्यार से छककर खाया और ऊपर से गंगाजल पी लिया।

अगाध श्रद्धा है भारतीयों में गंगा के प्रति। 'माँ' कहा जाता है गंगा को। मां इसलिये कि वह पवित्र है शुरू से अन्त तक माँ की तरह। गंगा में डुबकी लगाने पर लोग स्वयं भी पवित्र हो जाते हैं। न जाने कितनी सदियों से निरन्तर बहती आ रही है गंगा, किन्तु अब धीरे-धीरे शहरों के किनारे लोगों ने कूड़ा-कचरा, सीवर, नाले और कम्पनी फैक्ट्रियों का प्रदूषित जल गंगा में डालना शुरू कर दिया है। सरकार अब सर्तक हो गई है। गंगा को प्रदूषण मुक्त करने हेतु अब अभियान के साथ कई-कई योजनाएँ शुरू हो चुकी हैं।

नहा धोकर मेजर ने सफर की थकान समाप्त की। इसके बाद एक-एककर अन्य साथी अधिकारियों की बैरकों में जाकर मुलाकात की। युद्ध से थके हुए थे सभी आफिसर, किन्तु सबके चेहरे पर विजय की स्पष्ट छाप साफ दिखलाई दे रही थी।

अब शाम का समय मेजर ने जवानों से मिलने के लिये तय किया है। एक-एक जवान के पास जाकर उसे बधाई देगा।

उसे याद है जब वह सिपाही था, तो बड़े ऑफिसरों से मिलने पर कितनी खुशी होती थी। ऑफिसर यदि एक शब्द भी जवान की तारीफ में बोलता था, तो उत्साह हजारों गुना बढ़ जाता था। सीना फूल जाता था गर्व से।

सचमुच महान है भारत का जवान, अनेक कष्टों को सहते हुए भारत वर्ष की सीमाओं पर देश की रक्षा हेतु तैनात है। इसमें कई सीमाएँ तो बहुत दुर्गम हैं। बर्फ से ढकी हुईं कई सीमाएँ अत्यन्त ऊंचाई पर हैं। जहाँ साँस लेना भी कठिन होता है।

किन्तु फिर भी हमारा जवान हमेशा सर्तक रहता है। सिर्फ सतर्क ही नहीं, प्रसन्नचित्त भी रहता है। सेना को जवान ने कभी 'नौकरी' के रूप में नहीं देखा, अपितु इसे देश की रक्षा का अपना संकल्प और जीवन का उद्देश्य समझा है।

अब यह अलग बात है कि जवानों की पारिवारिक परिस्थितियां क्या हैं? हर जवान के घर की स्थिति अलग-अलग है।

पहाड़ का जनजीवन तो बहुत ही कठिन है। यहाँ जवान सीमाओं पर तैनात हैं, तो उधर उनके माता-पिता, पत्नी और बच्चे खेतों,खलिहानों में संघर्ष कर रहे हैं।

मेजर को अपने दिन ठीक तरह से याद हैं। तभी तो वह जवानों का बहुत सम्मान करता है। जवान भी उसे बहुत इज्जत देते हैं। जवानों का सबसे प्यारा ऑफिसर है वह। किसी भी जवान की कुछ भी समस्या हो तो वह सीधा मेजर तक हाजिरी मारता है और मेजर भी उसकी हर सम्भव मदद करता है, वरना फौज में तो एक चेन होती है। जवान किसी भी अधिकारी से सीधा नहीं मिल सकता।

पहले नायक, फिर हवलदार, नायब सूबेदार, सूबेदार, सूबेदार मेजर, लेफ्टीनैंट...आदि-आदि। समस्या नीचे के लेवल तक ही रहती है। गम्भीर विषय हों तो तभी बड़े ऑफिसर से मिलने की अनुमति होती है।

मेजर अपने बैरक में लौट आया। एक जवान चाय और टोस्ट रख गया था। मेजर ने धीरे-धीरे चाय पी और फिर सावित्री को चिट्ठी लिखनी शुरू कर दी। आखिर उसे भी चिन्ता लगी होगी। उस बेचारी को क्या पता कि जंग कब की खत्म हो चुकी है। वह तो चिट्ठी की इन्तजारी में होगी बस...। इसलिये उसे चिट्ठी लिखकर अपने पहुंचने की खबर देना आज का सबसे पहला काम है मेजर के पास।

तीस

टन...! टन...! टन...!

जेल के घड़ियाल ने सुबह के चार बजने का संकेत दिया। घड़ियाल की टन-टन की आवाज ने मेजर की विचार तन्द्रा तोड़ दी। वास्तविकता के धरातल पर आ पहुँचा था वह। आ पहुँचा नहीं, जैसे किसी ने पटक दिया हो उसे।

सुबह के चार बज चुके हैं, उसे एक क्षण भी नींद नहीं आई पिछली बातें एक-एक करके जेहन में घूमती रहीं उसके। ये सब बातें अब एक गुजरे जमाने की बातें सी हो गई हैं मेजर निराला के लिये।

कितने अपमान सहने पड़े उसे पिछले पन्द्रह बरस में। जेल की यह तंग कोठरी अब उसे अपना घर ही लगने लगी है। सीमा पर तैनात रहने वाले मेजर निराला और आज के कैदी निराला में कितना अन्तर है।

पूरी तरह अलग। सामाजिक रूप से तो उसकी प्रतिष्ठा धूल धूसरित हो ही गई है। मानसिक रूप से भी बहुत टूट चुका है वह और उसका आत्मविश्वास भी पूरी तरह टूटकर खत्म हो चुका है। आत्महीनता और अपराधबोध का समागम है आज उसके मन में।

आर्थिक रूप से अब कुछ भी नहीं है उसके पास। सम्पत्ति के

नाम पर क्या है उसके पास, जेल कार्यालय में जमा एक पोटली के अलावा? उसी पोटली में हैं उसके एक जोड़ी कपड़े, घड़ी और अँगूठी, जो उसने घटना के समय पहने हुए थे। करेंसी के नाम पर पर्स में पड़े हुये कुछ रुपये, जो पैंट की जेब में था और घर की चाबियों का एक गुच्छा।

कल सुबह रिहाई होनी है उसकी। प्रात; आठ बजे। पन्द्रह वर्षों में जीवन के अनेक कटु अनुभवों से गुजरना पड़ा है उसे। अपराधियों और कैदियों के बीच कैसे एक एक करके दिन गुजारे हैं उसने।

अनेक अपराधों में बन्द कैदी। हत्या से लेकर डकैती, चोरी, बलात्कार, चेन झटकने और छोटे-मोटे झगड़ों में जेल के अन्दर पहुँचे लोग। सजा भी सबकी अलग-अलग। छः मास से लेकर पन्द्रह बरस या फिर आजीवन कारावास तक।

जेल का भी एक अलग समाज है। विभिन्न अपराधों और सजा की अवधि के अनुसार कैदी को छोटा और बड़ा समझा जाता है, अन्य कैदियों के बीच। हत्या का अपराध और पन्द्रह बरस की कैद के हिसाब से उसे भी 'बड़ा' समझा जाता था। किन्तु अन्य कैदियों को कहाँ मालूम कि वह एक ऐसे अपराध में आरोपी है, जो उसने जानबूझ कर नहीं किया था। बस एक छोटी सी वजह और क्षण भर का गुस्सा, जिसने सब कुछ बर्बाद कर दिया था उसका। एक पल में ही सब कुछ छीन लिया था जिन्दगी से उसकी।

पत्नी की हत्या और बेटे की गुमशुदगी का दर्द इन पन्द्रह वर्षों में बार-बार अन्दर ही अन्दर खाये जाता रहा उसे। सबसे बड़ा मलाल तो उसे यह है कि इन पन्द्रह वर्षों में गाँव का कोई भी व्यक्ति उसे मिलने जेल में नहीं आया। क्या अपराध था उसका? गरीबों की मदद, वृद्धों की सेवा, यही सब तो किया था उसने!

किन्तु बदले में मिला क्या? हासिल क्या हुआ?

सावित्री ठीक कहती थी, एक दिन यह समाज-सेवा ले डूबेगी आपको और दो बूँद पानी पूछने वाला भी नहीं मिलेगा आपको कोई उसने झिड़क दिया था सावित्री को, किन्तु आज कितनी सच्चाई झलकती है उसकी बात में। काश! आज सावित्री जिन्दा होती, तो वह क्षमा माँगता उससे। फूट-फूट कर रोता उसके आँचल में मुँह छिपा कर।

रोया तो वह इन पन्द्रह वर्षों में कई बार था, किन्तु देखा किसी ने नहीं था उसे रोते हुये। जेल की इस अन्धेरी कोठरी के एक कोने में एक बार नहीं कई बार रोया था वह मुँह ढक कर। किन्तु प्रकट में उसने साथी कैदियों पर कभी अपनी लाचारगी और बेचारगी जाहिर नहीं होने दी थी। सावित्री और बबलू की बहुत याद आती थी उसे। सावित्री तो अब रही नहीं। बबलू न जाने कहाँ हो? इन पन्द्रह वर्षों में एक बार भी उसकी खबर नहीं मिली। न वह खुद मिलने ही आया है उसे। पता नहीं जिन्दा भी होगा या नहीं? जिन्दा होगा भी तो न जाने किस स्थिति में, कहीं अपराधी तो नहीं बन गया हो?'

कितना प्यार करता था वह बबलू को। कितना चाहता था उसे। कितने सपने संजोये थे उसे लेकर। बहुत बड़ा आर्मी ऑफिसर बनाना चाहता था उसे। उसकी हर माँग पूरी की थी मेजर ने। किसी बात की कमी नहीं होने दी थी उसे। तभी तो... तभी तो बिगड़ गया था वह। बहुत शिकायतें आने लगी थी उसकी।

उस दिन जब स्कूल में उसने सूरज के साथ मारपीट की थी, तो उसकी शिकायत मेजर को मिल गई थी। सूरज से तो नहीं, किन्तु साथ के दूसरे बच्चों ने बता ही दिया था।

शाम को उसने बबलू को पूछा था और दो थप्पड़ भी रसीद

किये थे। सावित्री को बहुत बुरा लगा था। गुस्से में कहा था उसने–'बच्चे की जान ले लोगे क्या? तुम पर तो न जाने समाज–सेवा का ऐसा भूत चिपका है कि घर परिवार को कुछ समझते ही नहीं। देखना जिन लोगों के लिये तुम इतना मर मिट रहे हो, ये लोग तुम्हे एक दिन दो घूँट पानी के लिये भी नहीं पूछेंगे।'

झिड़क दिया था उसने सावित्री को तब बुरी तरह। किन्तु आज लगता है कि उसने जो कुछ कहा था वह सच था। हाँ, वह सच ही बोलती थी हमेशा। किन्तु उसका कहा मेजर ने कभी गम्भीरता से नहीं लिया।

और बबलू! कितना निर्दयी है वह! कम से कम एक दिन तो आता मिलने। इतना भी अपराध क्या था उसके पिता का? काश! बबलू उसे एक बार मिल जाता। वह उसे गले लगाकर माफी माँग लेता और अपने पापों का प्रायश्चित कर लेता।

लेकिन बबलू भी शायद उसे अपराधी ही समझता है। समझेगा भी क्यों नहीं? आखिर सारा घटनाक्रम बबलू को लेकर ही तो घटा था।

सोचते–सोचते न जाने कब नींद की झपकी आ गई मेजर निराला को...।

इकत्तीस

'मेजर निराला! यह रहा आपका सामान।'-जेल अधीक्षक ने एक पोटली में बँधा मेजर निराला का सामान मेज पर रखते हुये कहा-'मेजर! जीवन में कुछ चीजें ऐसी होती हैं, जिन पर हमारा वश नहीं होता। जो कुछ हो चुका है, अब उसे भूलकर नया जीवन शुरू कीजिये।'

मेजर ने चुपचाप सामान ले लिया। सिपाही ने गेट का छोटा दरवाजा खोला और मेजर को बाहर निकालकर पुनः गेट बन्द कर दिया।

बाहर आकर मेजर ने इधर-उधर नजर दौड़ाई दूर तक उसकी नजर फैलती चली गईं कहीं कोई अन्त नहीं। चारों तरफ बस्तियाँ, पेड़-पौधे, और दूर तक हरी-भरी पहाड़ियाँ। उसे लगा मानो उसे किसी दूसरी दुनियाँ में भेज दिया गया हो।

कितनी छोटी सी दुनियाँ थी जेल की। ऊपर थोड़ा सा आसमान और चारों तरफ दीवारें। बस, सीमित लोग और सीमित धरती। पन्द्रह बरस तक वहाँ रहते-रहते अब आदत सी बन गई थी। सच पूछो तो अब वही अपना घर और संसार लगने लगा था।

यूँ तो सुबह के आठ बज रहे थे, किन्तु बाजार में हलचल शुरू हो गयी थी। दुकानदार अपनी दुकानों की झाड़-पोंछ कर रहे

थे। चाय वाले भट्टियाँ सुलगा रहे थे और कारीगर पकौड़ी बनाने के लिये आलू छील रहे थे। थोड़ी बहुत आवत-जावत भी शुरू हो गई थी। इधर-उधर जाने वाले लोग, अखबार बाँटने वाले, पानी भरने वाले और दूध बेचने वाले सड़कों पर दिख रहे थे।

मेजर को लगा जैसे सब उसे ही देख रहे हैं। किन्तु उसे पहचाना किसी ने नहीं। पहचान भी कैसे पायेगा? पन्द्रह बरस पहले की उसकी हट्टी-कट्टी काया अब कृशकाय जो हो चुकी थी। दाढ़ी और बाल इतने बढ़ गये थे कि उसे अब पहचानना सम्भव ही नहीं था।

पैंट की जेब में रखा पर्स निकालकर उसने पहली परत खोली। सबसे पहले उसे सावित्री की फोटो दिखाई दी। कितनी मासूम, कितनी सुशील। लगता था मानों अभी बोल उठेगी, 'जाओ, मैंने तुम्हारा अपराध क्षमा कर दिया। जाकर अपना नया जीवन शुरू करो।'

नया जीवन? मेजर ने सोचा, अब जीवन कहाँ रह गया, जो नया शुरू किया जाय। अब तो जीवन की साँझ ढलने लगी है। उसे तो अब यह भी याद नहीं कि वह अब कितने बरस का हो गया है। बाहर निकल कर अब तक उसे यह भी नहीं मालूम कि आज दिन कौन सा है, महीना कौन सा है। हाँ, इतना याद है कि जब उसने घटना की थी, तब वह चालीस बरस के आस-पास था। तो इसका मतलब अब उसकी उमर लगभग पचपन बरस हो गई है।

जेल के अन्दर दिन, महीने और बरस का कोई अर्थ नहीं रह जाता। इन सबकी गणना करके आदमी करेगा भी क्या? रोज एक ही कार्य, एक ही दिनचर्या होती है।

सावित्री का फोटो निहारते हुए उसकी आँखे नम हो आई फिर अचानक उसे ध्यान आया कि वह जेल के बाहर आम सड़क पर खड़ा हुआ है। विचारों से बाहर निकलकर उसने पर्स की एक और

परत खोली। पैसे गिनकर देखे। कुल दो सौ पैंसठ रूपये के नोट थे। एक, दो, तीन, पाँच, दस, बीस और पच्चीस पैसे के कुल सिक्के मिलाकर छः रुपये की खरीज थी। यानि कुल मिलाकर दो सौ इकहत्तर रुपये बटुवे में थे। ये वही रुपये थे, जो उस दिन भी उसकी जेब में थे।

आगे बढ़कर उसे चाय पीने की इच्छा हुईं वह होटल में बैठ गया। इस होटल में पहले भी वह कई बार चाय पी चुका था, किन्तु कितना बदल गया सब कुछ। पहले यह एक टिन के झोंपड़े में था। लकड़ी के लम्बे बैंच हुआ करते थे बैठने के लिये। एक अधेड़ उम्र का व्यक्ति चाय और छोले बनाता था यहाँ पर। यहाँ के छोले इतने स्वादिष्ट हुआ करते थे कि लोगों ने इस दुकान का नाम ही 'छोले वालों की दुकान' रख दिया था।

अब यहाँ पर सुन्दर मेज कुर्सियाँ है। पक्के मकान में ठेठ बड़े शहर जैसा होटल है। चमचमाते कांउटर में कई प्रकार की मिठाइयाँ सनी हुई हैं और काउन्टर पर बैठा है एक गबरू जवान। न जाने छोले वाला कहाँ होगा? यह होटल उसी का होगा या और किसी का। छोड़ो जिसका भी हो, मुझे क्या लेना-देना? चाय पीने से मतलब है, बस।

'लाला जी! एक चाय बनाना कम मीठे की।' उसने काउन्टर पर खड़े युवक से कहा।

युवक ने उसे ऊपर से नीचे तक निहारा और फिर लापरवाही से नौकर से कहा-'एक चाय पिला दे बे इसको।'

'इसको' सुनकर मेजर को झटका लगा। कैसी शब्दावली का प्रयोग कर रहा है मेरे लिये। इससे पूर्व तो आज तक किसी ने इस ढंग से नहीं कहा था। यहाँ तक कि जेल में भी कैदी उसे 'मेजर साब' ही कहते थे। फिर यह लड़का तू-तड़ाक पर क्यों उतर रहा है। ऐसे, जैसे कि मैं कोई भिखारी होऊँ।

भिखारी...? भिखारी शब्द मन में आते ही एक जोरदार सी झनझनाहट हुई उसके मस्तिष्क में। सचमुच में वह इस समय भिखारी के ही तो समान लग रहा है। मेले कुचैले कपड़े, बढ़ी हुई दाढ़ी और बिखरे हुये लम्बे उलझे बाल, ऊपर से हाथ में एक पोटली भी। तो और भला क्या समझेगा कोई उसे? भिखारी ही तो समझेगा। खैर चलो, उस युवक का कोई दोष नहीं है इसमें।

चाय टेबिल पर आ चुकी थी। उसने तसल्ली से चाय पी और फिर कांउटर पर आकर पूछा-'कितने पैसे हुये?'

'तीन रुपये।', लापरवाही से दुकानदार ने कहा।

'तीन रुपये?' उसने आश्चर्य से दुकानदार की तरफ ऐसे देखा, मानों वह कोई ठग हो।

तो यह चाय इतनी मँहगी हो गई है क्या? तब तो एक रुपये में चाय के साथ साथ पकौड़ी भी मिलती थी। पचास पैसे की हुआ करती थी चाय। यानि इन पन्द्रह वर्षो में चाय छः गुना बढ़ गई है। तब चाय कलई लगे पीतल के बड़े गिलासों में मिलती थी और अब इस छोटी सी प्याली में, वह भी इतनी मँहगी।

उसने बटुवे में पड़े सिक्के निकाल कर उन्हें जोड़ कर तीन रुपये बनाये और काउन्टर पर रख दिये।

कांउन्टर पर खड़े युवक ने उसे ऐसे घूरा, मानो वह किसी दूसरे ग्रह से आया हुआ अनजान प्राणी हो।

'ये क्या है बे? किस दुनियाँ से आया है तू?' उसने झल्लाकर पूछा,

'पैसे हैं चाय के।'-मेजर ने सादगी से कहा।

'अबे दो, तीन, पांच दस और बीस पैसे के ये सिक्के पाँच साल पहले बंद हो गये हैं।' झिड़का दुकानदार ने। 'अब तो लोग इन्हें भिखारियों को भी नहीं देते, फिर तुझे किसने पकड़ा दिये?'

सुनकर झटका लगा मेजर को। तो क्या सचमुच सिक्के बंद हो

गये? हो गये होंगे, उसे क्या मालूम?

मेजर ने पाँच रुपये का मैला कुचैला नोट दुकानदार को देकर सिक्के समेट लिये। दुकानदार ने दो रुपये का सिक्का उसे लौटा दिया।

होटल से बाहर निकल आया मेजर। अब कहाँ जाये। चलो बैठ कर विचार किया जाये। बस अड्डे के पास बने एक विश्राम शैड के नीचे बैठ गया वह और विचार करने लगा...।

बत्तीस

लगभग एक किलोमीटर पैदल चलने के बाद रास्ते में यह 'धार' पड़ती है, जहाँ से गाँव दिखाई पड़ता है। ग्वेर बछेर, घसेर और दुधेरों के अतिरिक्त पौड़ी आने-जाने वाले इस धार पर बैठकर कुछ देर विश्राम किया करते थे।

पन्द्रह वर्ष बाद वह इस धार पर आया था। इस धार में अब यात्री शेड बन गया है। मेजर ने गाँव पर नजर दौड़ाई हतप्रभ रह गया! काफी बड़ा हो गया था गाँव। कुछ एक मकानों को छोड़ कर सारे मकान पक्के, सीमेन्ट की छत वाले हो गये थे।

खूबसूरत और बड़े-बड़े मकानों के बीच उसको अपना मकान ढूँढने में कठिनाई हो रही थी। न जाने कहाँ पर है। नजरों में ही नहीं पड़ रहा था। बारीकी से एक किनारे से नजर दौड़ाकर उसने देखना शुरू किया तो अपना मकान दिख ही गया।

चलो अब गाँव में ही रहूँगा। यूं भी अब जीवन में रखा ही क्या है? हमेशा उसने गाँव वालों की मदद और सेवा की है। अब तो वह यही सब करेगा। इसके अलावा उसके पास करने को है क्या? इससे उसे आत्मिक शान्ति भी मिलेगी और अपने किये का पश्चाताप करने का अवसर भी।

उसने गाँव की सीमा में प्रवेश किया। आने जाने वाले लोग

उस पर एक दृष्टिपात करते और निकल जाते। उसने भी किसी को पहचाना नहीं। कल के बच्चे आज युवा हो गये हैं। नई बहुएँ और बच्चों की नई पौध। वह किसी को पहचान ही नहीं पाया। हाँ उसके साथ के लोग कुछ होंगे और कुछ चल बसे होंगे। अब तक तो कोई पहचान वाला मिला नहीं।

अपने घर के चौक पर कदम रखते ही दिल फट गया उसका, उसके घर की सुन्दर चौड़ी 'पठालियों' से सजे चौक में दूब उग आई थी। चारों तरफ 'कन्डाली' भांग और 'भंगजीरा' की झाड़ खड़ी थी। मकान की दीवारें जर्जर होकर अनेक जगहों से फटी हुई थीं। दरारें इतनी लम्बी और चौड़ी हो गई थीं कि उनमें 'बेडू' और पीपल के पेड़ तक उग आये थे।

पन्द्रह वर्ष पहले का यह सुन्दर मकान आज उसे एक भुतहा खण्डहर जैसा लग रहा था। इसका मतलब कि बबलू भी आज तक यहां नहीं आया है। कहाँ गया होगा मालूम नहीं। गाँव में किसी न किसी को तो जरूर खबर होगी।

माना कि उसने गाँव छोड़ दिया होगा, किन्तु गाँव वालों को वह कहीं न कहीं तो दिखा ही होगा।

मेजर किसी तरह मकड़जालों से जूझता हुआ, उन्हें साफ करता हुआ 'डिन्डाली' तक आ पहुँचा है। उजाड़ सी हो गई है डिंडाली। कभी हँसी और ठहाकों से गूंजती डिंडाली आज सूनी सी पड़ी है। महफिल सी जमी रहती थी हर समय इस डिंडाली में।

जब वह कभी छुट्टी पर घर आता था तो गाँव के मर्द सब उसे मिलने पहुँच जाते थे। फिर 'मन्दरी' बिछा दी जाती थी डिंडाली में और एक-एक कर लोग पंक्तिबद्ध घेरा बनाकर बैठ जाते थे। फौज से लाई हुई 'दराम' की बोतल से एक-एक 'पोली' दराम सब को देता था वह। 'बगछट' हो जाते थे लोग और फिर हँसी मजाक चलती थी देर रात्रि तक।

उसने चारों चरफ नजर दौड़ाई डिंडाली पर जगह-जगह से छेद हो गये थे, लकड़ी सड़ गई थी सारी। लगता था कि अब यदि उसने कदम जोर से रखा तो भरभरा कर नीचे गिर जायेगा सारा कुछ।

उसने पोटली से चाबियों का गुच्छा निकाला। यूँ तो दरवाजों पर ताले लगाने की नौबत कभी नहीं आई थी, किन्तु ताला लगा तो आज पन्द्रह वर्ष बाद खुल रहा है। जंग लग गई है ताले को भी। 'घर पर ताला लगना' यूँ भी पहाड़ में गाली समझा जाता है और उसके लिये तो यह सचमुच गाली ही सिद्ध हुआ है।

बड़ी मुश्किल से खुला ताला और चरमराकर खुला दरवाजा। अन्दर मकड़ियों के जालों से पूरा कमरा घिरा हुआ था। उसके अतिरिक्त सब कुछ वैसा ही था, जैसा उस दिन वह छोड़ गया था। ठीक वैसा ही पन्द्रह बरस पहले जैसा।

उस दिन इसी कमरे में बैठा था वह सावित्री के साथ। एक दिन पहले ही छुट्टी आया था, पूरे एक वर्ष बाद। छुट्टी क्या आया था, छुट्टी आना पड़ा था उसे। सावित्री ने बुलाया था उसे जबरन छुट्टी। ठीक-ठाक ही चल रहा था सब कुछ। हर बरस वह छुट्टी आ रहा था और अपने घर की देखभाल और गाँव वालों की मदद कर छुट्टी पूरी करके चला जा जाता था।

बबलू देखते-देखते दसवीं में पहुँच गया था। अब सावित्री ने भी शहर में बसने या उसके साथ ही रहने की जिद पकड़ ली थी। बबलू की हरकतों और रोज-रोज की शिकायतों से परेशान हो चुकी थी वह। पन्द्रह बरसों का एक-एक क्षण जैसे जीवन्त हो उठा उसकी स्मृतियों में।

तेतीस

जवानों को युद्धाभ्यास करा रहा था मेजर। रोज का कार्य है यह। सुबह उठते ही रोल-कॉल से शुरू होती है जवानों की दिनचर्या एक-एक जवान को अपनी-अपनी ड्यूटी पूरी करनी पड़ती है। चुस्त दुरुस्त रखना पड़ता है अपने आप को।

सारे दिन व्यस्तता के बावजूद भी जवानों के चेहरे पर थकान की एक शिकन तक नहीं दिखाई देती है।

देश और देशरक्षा के लिये हर कुर्बानी देने के लिये तैयार रहता है हर जवान। तभी तो कश्मीर में अचानक हुए दुश्मन के हमले से भी हमारी सेना पराजित नहीं हुई हौसले बुलंद रहते हैं हर समय जवानों के।

अभ्यास के दौरान थक जाते हैं जवान। मेजर समझता है हर जवान के दिल की बात। वह इसलिये कि खुद भी इसी सीढ़ी को चढ़कर आगे बढ़ा है। दो साल सिपाही के रूप में सेवा करके, फिर कमीशन पास करके बना था वह सेकेंड लेफ्टीनेंट।

पसीने-पसीने हो गये थे जवान। सूरज सिर के ऊपर था। उसने जवानों को दस मिनट का आराम करने का हुक्म दिया। तभी एक जूनियर ऑफिसर मेजर के पास आकर बोला -

'मेजर! आपकी एक चीज है मेरे पास।'

'क्या?' उत्सुकता से पूछा मेजर ने।

'दे दूँ तो क्या इनाम देंगे?' पूछा ऑफिसर ने।

'तुम्हारी नौकरी अप!' फौज का रटा रटाया जुमला छोड़ा मेजर ने-'बताओ चीज क्या है?'

'ऐसे थोड़े ही दूँगा, पहले इनाम रखिए।' और अधिक रहस्य पैदा किया ऑफिसर ने।

'दे भी दो यार! चीज पंसद आई तो तुम्हारी मन मर्जी का इनाम मिलेगा!' मेजर ने खुशामदी लहजे में कहा!

ऑफिसर ने झट से मेजर के हाथ में एक लिफाफा रख दिया-'भाभी जी की चिट्ठी।'

सचमुच खुश हो गया था मेजर निराला। उसने तुरन्त चिट्ठी को चूमा और लिफाफा खोला। दूसरे ही क्षण झिझक कर इधर-उधर नजर दौड़ाई कहीं जवानों ने तो नहीं देख लिया।

जवान सब व्यस्त थे। कुछ गप्पें लगाने में तो कुछ हँसी मजाक करने में।

चिट्ठी खोलकर मेजर ने पढ़ना शुरू किया।

'आदरणीय,

बबलू के पापा के चरणों में सादर सेवा। पूरा एक बरस बीत गया है आपको गए हुए। एक महीने से हम आपकी इन्तजारी कर रहे हैं। न तो आप खुद आए और न आपकी चिट्ठी। हमें बहुत चिन्ता हो रखी है।

बबलू बहुत बिगड़ गया है। रोज-रोज उसकी शिकायतें सुन कर कान पक गये हैं। अब तो आवारागर्दी भी करने लगा है। चोरी चुपके शराब भी पीने लगा है। एक दिन मैंने खुद उसके मुँह से गन्ध सूंघी।

मैं उसके भविष्य के प्रति बहुत चिन्तित हूँ। समझाती हूँ तो समझता ही नहीं है।

आप से कहती न थी कि लड़का बर्बाद हो जायेगा। लेकिन मेरी कौन सुनता है? अभी भी समय है, जल्दी घर आ जाओ। इन्तजार में...

तुम्हारी सावित्री।'

एक साँस में पूरी चिट्ठी पढ़ दी थी मेजर ने। छोटी सी ही लिखी थी चिट्ठी सावित्री ने। शायद बहुत दुःखी होकर।

चिट्ठी मुट्ठी के अन्दर भींच ली मेजर ने। आँखे सुर्ख हो गई थी। सामने धन्यवाद पाने की अपेक्षा में खड़ा ऑफिसर हतप्रभ। मेजर के चेहरे पर आते-जाते रंगों को देखकर वह कुछ समझ न पाया। वह तो सोच रहा था कि पत्र पढ़कर मेजर खुश होगा और 'थैंक्यू डियर' कहकर पीठ थपथपायेगा। लेकिन यह क्या? मेजर तो जैसे 'काठ' का हो गया था।

झकझोरा उसने मेजर को...'क्या हुआ मेजर? कोई बुरी खबर है क्या?'

'नहीं यार! ज्यादा बुरी भी नहीं।'-बुझे मन से जबाव दिया मेजर ने।

मेजर ने निश्चय किया कि वह आज ही छुट्टी स्वीकृत करायेगा। उसका मन हुआ काश! उसके पंख होते, तो अभी जा पहुँचता गाँव। किन्तु ऐसा हकीकत में हो नहीं सकता। वास्तविकता का आभास होते ही वह पहुँच गया कर्नल डी. राजा सिंह के कार्यालय में।

'मे आई कम इन सर?' दरवाजे पर आकर पूछा।

'कम इन ऑफिसर, कहो?'

'सर मैं छुट्टी जाना चाहता हूँ।'

'यह अचानक अभी अभी...'

'जरूरी है सर...।' मेजर ने बात बीच में ही काट दी कर्नल की।

'ठीक है कागज तैयार करो और कल निकल जाओ।' कर्नल ने कहा।

'आज ही सर! रात वाली गाड़ी से'–मेजर ने आग्रह किया।

'ठीक है चले जाओ।' कर्नल बोले।

मेजर ने एक जोरदार सैल्यूट ठोंका और तेजी से कमरे से बाहर निकल गया।

कर्नल डी. राजा सिंह उसे आश्चर्य से देखते रह गये। मुँह के अन्दर ही बड़बड़ाये।

'कमाल है?'

चौंतीस

घर पहुंचे हुए उसे अभी केवल पन्द्रह मिनट हुये थे। कमरे में बैठा भर था वह। घर में ही थी सावित्री। ठंडा पानी लेकर आई थी उसके लिये।

पानी पीकर मेजर ने पूछा-'बबलू कहाँ है?'

'खेलने गया है गाँव में ही।'-सावित्री ने जबाव दिया।

'तुम्हारी तबियत ठीक है?' पूछा मेजर ने।

'हाँ, ठीक ही है आपकी बला से।'-सावित्री ने थोड़ा सा व्यंग्यात्मक लहजे में कहा।

'क्यों?'

'ठीक तो कह रही हूँ। तुम्हें कहाँ मेरी चिन्ता? साल भर से देखते देखते आँखे थक गईं।'-प्यार भरा रोष जाहिर किया सावित्री ने।

मेजर मुस्कराया। सचमुच में पूरे एक बरस बाद आ पाया है वह। कितना कष्ट झेलना पड़ता है एक सैनिक की पत्नी को। कितना धैर्य रखना पड़ता है। स्वाभाविक ही है कि इस पूरे एक बरस की आपबीती को सुनाने से पूर्व कुछ रोष भी व्यक्त करना पड़ता है, जिसे मेजर ने खुले दिल से सहन किया भी।

'अच्छा पहले ये बताओ खाना क्या बनाऊँ आपके लिये?'-विषय

बदल कर सावित्री ने पूछा।

'कुछ भी! जो खिलाना चाहो।' मेजर ने भी उसी अपनत्व के साथ कहा।

'बताओ तो सही?' सावित्री ने आग्रह किया।

'तुम्हारे हाथों का तो सब कुछ ही अच्छा लगता है मुझे।' मेजर ने मक्खन लगाया।

'बहुत चापलूसी करते हो आप।'-सावित्री ने प्यार भरे लहजे में कहा और नीचे रसोई में उतर आईं मेजर मुस्करा उठा।

तभी बाहर कोलाहल की आवाजें आईं लगता है जैसे बहुत सारे लोग किसी बात को लेकर झगड़ रहे हों। आवाजें धीरे-धीरे तेज होती चली गईं मेजर कमरे से बाहर निकल कर डंडाली में खड़ा हुआ। दूसरे ही क्षण सामने का दृश्य देखकर अवाक रह गया।

गाँव के लोग लुहूलुहान बबलू को पीटते हुये उसके चौक तक ले आए। काफी आक्रोश में थे लोग। न दुआ न सलामी। किसी ने न तो उसकी खैरियत पूछी और न आने के बारे में जानना चाहा। हतप्रभ रह गया मेजर।

'ये लो थामो अपने लाड़ले को।'

एक स्वर भीड़ के बीच से उभरा।

'इसकी रोज-रोज की हरकतों से तो तंग आ गये हैं हम।'

'कभी लड़ाई, कभी झगड़ा। हद हो गयी अब तो।'

'हां! हां! अब तो गाँव की लड़कियों से भी छेड़छाड़ करने लगा।'

'आज श्याम सिंह की लड़की को भद्दे ताने दे रहा था धारे पर।'

जितने लोग उतनी बातें उनके मुँह से निकल रही थीं। सुनकर सातवें आसमान पर चढ़ गया मेजर का गुस्सा।

तेजी से अन्दर गया और दीवार पर टंगी बन्दूक उठा ली। कारतूस लोड किया और तेजी से बाहर निकल आया।

'छोड़ दो इसे।' मेजर दहाड़ा।

'क्यों छोड़ दो?' भीड़ में से कोई बोला।

'हम बन्दूक से डरने वाले नहीं।'

'हाँ, हाँ यह धमकी किसी और को देना।' कोई अन्य बोला।

'हाँ, बहुत प्यार है तो इसका मुँह काला करो यहाँ से, हमें नहीं चाहिए गाँव में ऐसा शैतान।' एक अन्य स्वर उभरा।

भीड़ का शोर बढ़ता जा रहा था। मेजर डंडेली से चौक में उतर आया।

अब तक हतप्रभ खड़ी सावित्री मेजर के पास आ पहुँची। हाथ जोड़कर बोली-'भगवान के लिये गुस्सा थूक दो।'

'हटो सावित्री! मेरे रास्ते से।' मेजर ने उसकी बाँह पकड़ कर एक किनारे किया-'आज मुझे फैसला कर लेने दो।'

सावित्री अच्छी तरह जानती थी मेजर का गुस्सा। उसकी अंगारों जैसी दहकती आँखों को देखकर दहल गया सावित्री का दिल। न जाने आज क्या अनिष्ट होगा इसी आशंका से फिर पास धमक गई उसके। पाँव पकड़ते हुये फिर बोली-'भगवान के लिये मान जाओ, तुम्हें मेरी कसम है।'

लेकिन मेजर कहाँ मानने वाला था। तार-तार हो चुका था आज उसका सारा सम्मान गाँव वालों के सामने। इतने बरसों की बनी बनाई इज्जत गुड़गोबर हो गई थी एक ही झटके में। इस लड़के ने तो मुझे कहीं के लायक नहीं छोड़ा। ऐसी औलाद से तो...।

बन्दूक की नाल पकड़ ली थी सावित्री ने। माँ की ममता चीज ही ऐसी होती है। औलाद चाहे कितनी भी बुरी क्यों न हो माँ कभी भी उसका मोह नहीं त्याग सकती और फिर ऊपर से मेजर के गुस्से से भली भांति परिचित थी वह।

लेकिन मेजर कहाँ मानने वाला था। देवी की तरह सावित्री को पूजने वाले मेजर पर आज उसकी कसम का भी कोई असर नहीं हुआ।

'मैंने कहा न, हट जाओ।' गुस्से में उसने सावित्री को लगभग धकेलते हुये एक तरफ किया और फिर उसकी कसम तोड़ दी।

'धाँय', बबलू पर गोली चलायी उसने। लेकिन सावित्री कैसे अपनी आँखों के सामने वह अनर्थ होते देख सकती थी। सामने आ गई ऐन वक्त पर बबलू के और गोली लगते ही सावित्री उसी जगह पर ढेर हो गईं

होश फाख्ता हो गये मेजर के। गुस्सा सेकेंड भर में काफूर। बन्दूक हाथों से छूट गयी और मेजर लिपट गया सावित्री की देह से। लेकिन सावित्री तो चल बसी थी एक पत्नि औ एक माँ का धर्म निभाते हुए।

पैंतीस

पिछले पन्द्रह बरस से बन्द पड़े घर के उजाड़ कमरे में पुरानी यादों ने मेजर की आँखों में आँसू ला दिये।

काश! उस दिन थोड़ा संयम से काम लिया होता उसने। किन्तु न जाने, उस समय क्या भूत सवार हो गया था उस पर। होश तब आया जब सब कुछ हाथ से निकल गया था।

लोग एक-एक कर न जाने कब खिसक गये थे। बबलू का उसी दिन से कोई पता नहीं है।

फिर वह स्वयं पटवारी चौकी गया और अपना अपराध स्वीकार किया। राजस्व पुलिस ने उसे जेल भेज दिया। सुनवाई हुई और मेजर पर मुकदमा चला। उसने अपने बचाव के लिये कोई वकील भी नहीं किया। क्या करेगा वह ऐसा कलंकित जीवन जीकर? उसने तो जज साहब से अपने लिये फाँसी की सजा तक मांगी थी।

लेकिन मेजर को फाँसी नहीं हुई, पन्द्रह बरस की कैद हुई फौज में अलग से कोर्ट मार्शल हुआ और फंड तथा पेंशन आदि के बिना खाली हाथ घर भेज दिया गया।

सोचते-सोचते गला रुंध गया उसका। अब एक क्षण भी इस कमरे में रहना मुश्किल हो गया उसके लिये। बाहर निकल आया

वह। आकर चौक की मुण्डेर पर बैठ गया। झाँड़-झंकाड़ के बीच छुप सा गया वह। कभी बड़ी 'चराचरी' होती थी इस चौक में। अब कोई पंछी तक नहीं दिख रहा था उसे।

तभी पड़ोस वाली रूकमा दादी के चौक से उसे कुछ स्वर सुनाई दिए। कुछ लोग आपस में बातचीत कर रहे थे। शायद उन्हें मेजर के चौक में मौजूद होने का अहसास नहीं था। मेजर ने भी जिज्ञासावश उनकी बातों पर ध्यान दिया। किन्तु जो कुछ उसने सुना, उसे सुनकर तो उसे विश्वास ही नहीं हुआ। उसी के बारे में बातें कर रहे थे लोग।

'ऐसा खतरनाक आदमी तो गाँव में रहना भी नहीं चाहिए'-एक आदमी कह रहा था।

'हाँ जब अपनी ही औरत का कत्ल कर दिया तो औरों को क्या समझेगा।'-दूसरे ने कहा।

' अपनी ही औरत मार दी, लड़का भगा दिया। अब पन्द्रह बरस बाद आ रही है इसे घर की याद?'-एक और स्वर

'वह तो बहुत भला आदमी था, सबकी मदद करता था।' कहा किसी ने।

'अरे खाक भला था, हाथी के दाँत खाने के और दिखाने के और।'-किसी और ने कहा।

'भइया हमें तो डर लगता है इसकी मदद से।'-एक ने कहा।

'हाँ ठीक कहते हो क्या करना है ऐसी मदद का, जो नाक मुँह के रास्ते निकल जाए।' दूसरे ने कहा।

चर्चा जोर पर थी, परन्तु आगे सुना नहीं गया उससे। ऐसा लगा मानो सिर फट जायेगा उसका। आखिर उठ गया वहाँ से। इस गाँव में तो अब एक पल भी नहीं रहना चाहता। गबरू चाचा, पिन्नी भाई, सुन्दरू भाई आदि तो अब रहे नहीं होंगे।

मेजर सोचने लगा, कितने स्वार्थी लोग हैं इस गाँव के। आज

देख-सुन लिया उसने अपने ही कानों से। जिन लोगों की उसने हमेशा मदद की, जिनके लिये अपना परिवार, अपना भविष्य सब कुछ बर्बाद कर दिया, वे ही कैसी सोच रखते हैं उसके प्रति, सारे के सारे उसका बहिष्कार करना चाहते हैं। ठीक कहती थी सावित्री, 'यह समाज सेवा एक दिन ले डूबेगी तुम्हें। एक घूँट पानी देने वाला भी नहीं मिलगा तुम्हें।' सचमुच ही ऐसा हुआ। बहुत देर कर दी उसने सावित्री को समझने में। लेकिन अब यह सब सोचकर भला क्या फायदा।

मैं नहीं रहूँगा इस गाँव में एक पल भी। इन स्वार्थी लोगों के बीच नहीं रहना है मुझे। लेकिन जाऊँगा कहाँ? जहाँ मुझे शान्ति मिलेगी। हाँ, जहाँ कोई नहीं पहचानेगा मुझे।

'हरिद्वार...? हाँ...हाँ...हरिद्वार चला जाऊंगा मैं। ऐसे लोगों के बीच नहीं रहूँगा अब एक पल भी।

और न जाने फिर क्या हुआ मेजर को, वह पागलों की भाँति जोर-जोर से हँसने लगा। हँसते-हँसते फिर उसकी हँसी न जाने कब रुलाई में बदल गई अब वह फफक-फफक कर रो रहा था।

पागलों की भाँति, विक्षिप्त सा ही वह उठा, पोटली बगल में दबाई और लम्बे-लम्बे डग भरता हुआ गाँव की गलियों से बाहर निकल गया। एक अनजान मंजिल की ओर...।

छत्तीस

लूले, लंगड़े, अन्धे, बहरे और कुष्ठ रोगी। सबकी एक कतार लगी है यहाँ। कुछ-कुछ तो ठीक-ठाक हैं, हट्टे कट्टे, किन्तु फिर भी भीख माँग कर गुजारा कर रहे हैं।

हर की पैड़ी से लगे पुल पर बैठे रहते हैं सबके सब लाइन लगाकर। मैले कुचैले कपड़े, जर्जर बाल और गन्दा शरीर। आने-जाने वाले उनकी तरफ निहारते तक नहीं। सामने रखे कटोरे में कुछ सिक्के पड़े रहते हैं। कोई भला मानुष तरस खाकर एक दो रुपये का सिक्का डाल देता है कटोरे में। कभी कभी कोई धर्मात्मा लंगर लगवा देता है, तो कभी कोई भण्डारा करवा देता है। खाना मिल ही जाता है दो वक्त का। बस ऐसे ही दिनचर्या चल रही है इन लोगों की।

शान्ति की खोज में आया था मेजर हरिद्वार। लेकिन यहाँ का हाल देखकर तो उसका दिल और दिमाग कुछ ज्यादा ही अशान्त हो गया। क्या करे वह? जितने पैसे उसके पास थे, अब तक वे किराये और खाने में खत्म हो चुके थे और अब शाम के खाने के लिये कुछ भी नहीं बचा था उसके पास।

तो क्या वह भी इन भिखारियों की कतार में शामिल हो जाय? नहीं...नहीं...वह मर जायेगा किन्तु भीख नहीं माँगेगा।

तो फिर क्या करे। दिहाड़ी मजदूरी उसके बस की अब रही नहीं। करना भी चाहेगा तो उसकी जर्जर काया देखकर उसे कोई काम देगा नहीं।

दुनियाँ में कैसे-कैसे लोग हैं। कुछ अति सम्पन्न, कुछ सम्पन्न और कुछ बिल्कुल ही गरीब। अपनी-अपनी किस्मत लेकर आता है हर इंसान यहाँ। किस्मत के साथ कुछ करनी का भी फल होता है इंसान के साथ। जैसे मेजर के साथ हुआ और आसमान से एकदम जमीन पर आ गिरा वह। सब कुछ बिखर गया। बद से बदतर हो गई है आज उसकी स्थिति।

लोग कहते हैं कि स्वर्ग और नरक होते हैं इस जन्म के बाद। किन्तु स्वर्ग और नरक तो यहीं भोगने पड़ते हैं।

सारा कुछ इसी जीवन में भोगना पड़ता है इंसान को।

कुछ लोगों को खाने की कोई कमी नहीं है। खूब दिया है भगवान ने, किन्तु उन्हें खाना पचता नहीं है। कुछ के पास खाने को है ही नहीं, भूखों मर जाते है पटरी पर।

सारी सुख सुविधाओं से सम्पन्न विशालकाय भवनों के वातानुकूलित कमरों में भी नींद नहीं आती लोगों को, तो दूसरी ओर सड़क किनारे इन सब से बेखबर होकर हजारों लोग नींद पूरी करते हैं अपनी।

सोचते-सोचते मेजर मुख्य सड़क पर कब आ गया था, उसे खुद नहीं मालूम। उसे जाना कहाँ है, यह भी नहीं मालूम लेकिन चले जा रहा है, अपनी धुन में। आने-जाने वाली टैम्पों, टैक्सियाँ, ट्रक और बसें 'सर्र' से निकल जाती हैं अगल बगल से। कुछ हार्न पर हार्न बजाती, किन्तु मेजर को तो जैसे कुछ मतलब ही नहीं इस दुनिया से।

और तभी सामने से आ रही बस से टकरा गया वह। बस ड्राइवर की कोई गलती नहीं थी, उसे बचाते-बचाते तो उसने बस

भी फुटपाथ पर लगी रेलिंग से टकरा दी।

लुहूलुहान हो गया मेजर। बस रुक गई और भी कई आने जाने वाले वाहन वहीं खड़े हो गये। लोगों की भीड़ इकट्ठा हो गई थी।

लोग बसों और टैक्सियों से उतर कर नजर डालते और चर्चा करते।

'भिखारी है शायद।'

'हाँ, और भिखारी ही लगता है।'

'नहीं पागल है मेरे ख्याल से।'

'पागल भी हो सकता है।'

'अरे कोई मदद तो करो।'

'हास्पिटल पहुँचाओ।'

'ज्यादा चोट लगी है क्या?'

'आत्महत्या करना चाहता था शायद।'

कई प्रकार की बातें आ रही थीं लोगों के मुख से। लेकिन सिर्फ बातें ही बातें। लोग देखते और अपने मुँह की कहकर निकल जाते।

भीड़ से ही एक नवयुवक आगे आया, फौजी वर्दी पहने। सबको फटकार कर बोला-'अरे हद हो गई आप लोगों के अन्दर मानवता है भी या नहीं। वह भिखारी है या पागल, लेकिन है तो इंसान। पहले तो उसे इलाज मिलना चाहिये'।

एकाएक जैसे ब्रेक लग गये हों सारी चर्चाओं को। सब लोग सन्न। युवक भीड़ से निकल कर तुरन्त पास पहुंच चुका था घायल के। सबने देखा आर्मी का कैप्टन था वह। आर्मी वाले सीमाओं पर तो देश की रक्षा करते ही हैं, लेकिन देश के अन्दर भी प्यार, प्रेम और समाज सेवा का पूरा जज्बा होता है उनके अन्दर।

कैप्टेन ने औंधे मुँह घायल पड़े व्यक्ति को पलट कर सीधा किया और उसके मुँह से चीख निकल गई

'पिताजी...!'

वहाँ खड़ी भीड़ दंग रह गईं यह क्या माजरा है? कहाँ यह सेना का कप्तान और कहाँ, पागल या भिखारी सा लगने वाला यह घायल व्यक्ति। लेकिन लोग जो देख और सुन रहे थे सच वहीं था। कैप्टेन लिपट पड़ा था घायल की छाती से-'पिताजी!' आप...आप...इस हाल में...'।

बोल नहीं फूट रहे थे उसके। आंखों से अश्रुधारा बह निकली कैप्टेन की।

घायल मेजर ने भी धीरे-धीरे आंखे खोली। विश्वास ही नहीं हुआ उसे अपनी आँखों पर। सामने बबलू खड़ा था, और वह भी सेना की वर्दी में।

'क...कौन? ब...ब...लू?' बड़ी मुश्किल से बोल पाये मेजर निराला।

'हाँ पिताजी! आपका बबलू! आपका बेटा कैप्टेन बबलू'-बबलू फफक-फफक कर रो पड़ा-'मैं आ गया हूँ पिताजी। मैं...।'

सबने देखा एक बाप और बेटे का आश्चर्यजनक मिलन। दोनों ने एक-दूसरे को भींच लिया था बांहों में। रो रहे थे दोनों ही। भीड़ में कइयों की आँखे भी बरबस नम हो आईं

'अरे कैप्टेन, रोने का समय नहीं है। पहले हॉस्पिटल ले कर जाओ इन्हें।'-एक व्यक्ति बोला।

'लो मेरी कार में बिठाओ इन्हें, मैं छोड़ दूँगा हास्पिटल तक'-दूसरे व्यक्ति ने कहा। कई हाथ बढ़ गये मदद के लिये। हाथों हाथ कार में लाद दिया गया मेजर को और साथ में बैठ गया बबलू भी। उसकी अटैची और बैग बस से निकाल कर खुद ही कार की डिक्की में रख दी लोगों ने।

सैंतीस

'पिताजी! उस घटना के बाद मैं डर के मारे सीधा गाँव से भाग गया था।' बबलू ने पिताजी का सिर सहलाते हुये कहा।

'लेकिन बेटा! तू इतने दिन कहाँ रहा? एक भी दिन मिलने नहीं आया तू जेल में।' पिताजी ने शिकायत की।

'पिताजी! उस घटना के बाद मैं अपने को अपराधी महसूस करने लगा था।

'सब कुछ मेरी वजह से ही तो हुआ। आपकी बदनामी हुई, माँ की मौत हुई और आपको हुई जेल। इस सबका जिम्मेदार मैं ही तो था।' बबलू ने आप बीती सुनानी शुरू की।

'मैं गाँव से भाग कर ऋषिकेश पहुँचा। गंगा तट पर एक रात बिताईं कहीं कोई ठिकाना नहीं मिला और न ही कहीं खाना-पीना मिला।

उसी दिन मैंने संकल्प लिया कि मैं प्रायश्चित करूँगा। जब तक आपके और माँ के सपनों को साकार न कर दूँ, तब तक आपको अपनी शक्ल नहीं दिखाऊँगा।

मैंने ऋषिकेश में एक कपड़ों की दुकान में नौकरी कर ली। दुकानदार बहुत भला आदमी था। उसने मुझे अपने घर में आसरा भी दे दिया। फिर मैं दिन भर कपड़ों की दुकान में काम करता

और रात को पढ़ाई करता। अथक मेहनत करने के बाद मैंने पहले हाईस्कूल, फिर इन्टर और उसके बाद बी.ए. तथा एम.ए. प्राइवेट परीक्षा पास कर लीं।

आप मुझे सेना का एक बड़ा अधिकारी बनाना चाहते थे, इसलिये मैंने उसी दिशा में अपनी सारी मेहनत झोंक दी। दिन-रात एक करके मैंने प्रतियोगिता परीक्षाओं की तैयारी की। ठीक नौ वर्ष मैं ऋषिकेश में रहा और उसके बाद मैंने कमीशन पास करके दो वर्ष देहरादून में ट्रैनिंग ली।

ऑफिसर बन कर मेरी पहली पोस्टिंग कश्मीर में हो गईं मुझे बराबर आपकी याद आती रही। मैं जेल अधिकारियों से लगातार सम्पर्क करता रहता था। आपकी रिहाई से पूर्व मैंने छुट्टी मंजूर करवा ली, किन्तु मुझे एक दिन विलम्ब हो गया और फिर मेरी भेंट आपसे इस रूप में हुईं

बबलू की कथा सुनकर आँसू निकल आए पिता के।-'तूने बहुत कष्ट सहे हैं मेरे बच्चे। इस सबके लिये मैं तेरा अपराधी हूँ।'

'नहीं नहीं, पिताजी!' ऐसा मत बोलिए।'-बबलू ने पिता के मुंह पर हाथ रख दिया।-'अपराधी तो मैं हूँ आपका, जिसकी वजह से आपको इतनी यातनाएँ झेलनी पड़ीं।

हरमिलाप हॉस्पिटल का प्राइवैट वार्ड था यह, जिसमें पिता और पुत्र एक-दूसरे का वर्षों का दुःख और पीड़ा बाँट रहे थे, लेकिन खलल पड़ गया दोनों के बीच। दो पुलिस वाले कमरे में दाखिल हुये।

हड़बड़ा गया था मेजर निराला। दो खुशियों के क्षण मिले थे, अब न जाने फिर क्या गड़बड़ हो गईं

'मेजर निराला आप ही हैं!' पुलिस वाले ने बबलू की ओर देखकर पूछा।

'नहीं, मेरे पिताजी हैं। आप'...बबलू ने पिता की ओर इशारा

किया।

पुलिस वाले ने अविश्वास के साथ मेजर को निहारा। फिर कहा–'आपको एस.पी. साहब ने बुलाया है, गाड़ी भेजी है।

'क्यों?' प्रश्न किया मेजर ने।

'मालूम नहीं।' पुलिस वाले ने अनभिज्ञता जाहिर की–'लेकिन अभी चलना होगा।'

किसी अनहोनी की आशंका से काँप गया मेजर का दिल, लेकिन बबलू ने धैर्य का परिचय दिया और पिता से कहा–'चलो, पिताजी चलते हैं।'

बबलू ने सहारा देकर पिता को उठाया और पुलिस की जिप्सी तक ले जाकर सीट पर बिठा दिया।

जिप्सी चल पड़ी। न जाने कहां ले जा रहे होंगे? जाने कौन सी नई आफत आ गई अब? सोच-सोच कर मेजर परेशान था।

गाड़ी एक बंगले के गेट पर रुकी। गेट पर नेम प्लेट देखकर चौंक गया मेजर। कुछ समझ में न आया उसकी। हाँ, उसका ही तो नाम लिखा था–'निराला'।

गेट खुलते ही सबसे पहले एस.पी. नजर आया और उन्हें देखकर न सिर्फ मेजर बल्कि कैप्टन बबलू भी उछल पड़ा। सामने जग्गू खड़ा था। पुलिस अधीक्षक 'जगमोहन सिंह रावत'।

जग्गू ने पैर छुए मेजर के और मेजर ने भी छाती से लगा लिया उसे।

'चाचा जी, आपकी रिहाई के दिन मैं जेल पहुँचा। पता चला आप गाँव चले गए। फिर गाँव पहुँचा तो वहाँ किसी ने बताया कि आप बिना किसी से मिले कहीं निकल गए हैं। मैंने आपकी तलाश में पौड़ी और ऋषिकेश की पूरी पुलिस फोर्स झोंक दी। अभी-अभी मालूम पड़ा कि आप घायल होकर हरमिलाप हास्पिटल हरिद्वार में भर्ती हैं।'

आँसू आ गये मेजर के। वह तो सोच रहा था कि दुनियां स्वार्थी होती है। जिसकी मदद करो, वह दूसरे दिन पहचानता तक नहीं है किन्तु सारी धारणाएँ बदल गई हैं अभी–अभी।

मेजर की बांहों से छूटकर जग्गू बबलू से गले मिला।

'बधाई हो कैप्टेन!'

'थैंक्यू एस.पी. साहब!' बबलू बोला।

'लेकिन यार! एक दो घूँसे तो मार जरा, उस दिन का बकाया है।' जग्गू ने बबलू को छेड़ा।

और सचमुच एक घूँसा जड़ दिया बबलू ने उस पर–'एस.पी. बन गया तो मैं क्या डर जाऊँगा तेरे से।'

तीनों खिलखिला कर हँस दिये। माहौल शान्त होने के बाद जग्गू ने चाबी का छल्ला मेजर निराला को पकड़ा कर कहा–'चाचा जी, ये आपके नये घर की चाबी। आज का खाना मेरे घर पर। बच्चे अपने 'देवतातुल्य दादा जी' को मिलने के लिये न जाने कब से बेचैन हैं।'

मेजर निराला को अभी तक भी अपनी आँखों पर विश्वास नहीं हो पा रहा था। काश! सावित्री इस दिन को देख पाती... सावित्री की याद आते ही आज एक बार फिर अतीत की यादों में खो गया था मेजर...।

■■■